Johanna Jehle

AF191394

Gefühle pur

Beziehungs- und andere Gedichte

© 2001 Alle Rechte liegen bei der Autorin
Buchgestaltung: Nüsse Design, Hamburg
Herstellung: Books on Demand GmbH
ISBN 3-8311-2436-1

Diese Gedichte,
geschrieben zwischen 1967 und 2001,
sind all denen gewidmet,
die an mich glaubten,
mir Mut machten
und die sich vielleicht irgendwo
in diesem Buch wiederfinden.

Im Park

Ich bin durch den Park gegangen,
der Wind riss die Blätter vom Baum.
Wo ist der Sommer geblieben?
Er war nur ein kurzer Traum.

Der Herbst ist hereingebrochen,
er kam beinah über Nacht.
Wo ist die Sonne geblieben,
die gestern noch gelacht?

Ich schlendere über Wege,
die heute so einsam und leer.
Wo sind die Menschen geblieben?
Sie gingen so fröhlich umher!

Der Teich liegt glatt und schlafend,
keine Welle stört seine Ruh.
Wo sind die Libellen geblieben?
Ich sah ihnen gerne zu.

Die Beete sind umgegraben,
die Blumen schon lange verblüht.
Wo sind die Vögel geblieben,
die mir einst sangen ihr Lied?

Ich gehe sinnend weiter,
der Park bleibt still hinter mir.
O Sommer, komm recht bald wieder,
ich sehne mich so nach dir!

Zum Muttertag

Wär' ich reich, ich kaufte dir
Silber, Gold und Edelsteine,
einen Hut für deinen Kopf,
seidne Strümpfe für die Beine.

Ringe für die fleißigen Hände,
eine Tasche für den Arm,
und – ich bin noch nicht am Ende! –
einen Pelz schön mollig warm!

Eine Reise in den Süden,
ohne Hast, in aller Ruhe.
Und für deine müden Füße
Ganz bequeme, chice Schuhe.

Und ich schenkte dir ein Auto
und auch eine Hochseejacht,
einen Diener für die Gäste
und ein goldnes Bett zur Nacht!

Creme für deine Altersfalten,
eine Bluse, recht schön bunt,
einen Orchideengarten
und auch einen kleinen Hund!

Dies sind alles Wunschgedanken –
mein Geschenk ist heut nur klein.
Doch in Liebe ohne Ende
soll es eingebunden sein.

Sind wir auch weit voneinander –
jeden Tag denk ich an dich.
Denn die allerbeste Mutter
bist und bleibst du stets für mich!

Sommermorgen

Ich stehe am offenen Fenster,
mein Herz schlägt vor Freude ganz schnell,.
Fort sind der Nacht Gespenster,
fünf Uhr ist's und schon hell.

Ich höre die Glocken klingen,
sie grüßen den neuen Tag.
Schon beginnen die Vögel zu singen,
die Luft ist so frisch wie ich's mag.

Der Zeitungsmann kommt um die Ecke,
er grüßt lächelnd zu mir herauf.
Mein Mann rührt sich unter der Decke,
noch ein Weilchen, dann steht er auf.

Ich liebe die Sommermorgen,
wenn alles noch friedlich und still.
Jetzt fühl ich mich noch geborgen.
Was der Tag mir wohl bringen will?

Dies ist meine kleine Freiheit,
hier am Fenster steh ich so gern.
Hier hol ich mir Kraft für die Arbeit,
erbitte den Segen des Herrn.

Lieber Gott, stehe mir zur Seite,
was immer auch kommen mag.
Behüte und schütze mich heute,
und danke für diesen Tag!

Spätsommergedanken

Der Sommer hat „adieu" gesagt
und ist ganz leis gegangen.
Ein kühler Wind kommt angejagt,
der Himmel ist verhangen.

Die Wiesen sind längst abgemäht,
das Korn ist eingefahren.
Zum Schwimmen ist es auch zu spät,
s ist wie in allen Jahren!

September kommt mit forschem Schritt
und setzt dem Herbst ein Zeichen.
Bringt den Altweibersommer mit,
die Hitze muss nun weichen.

Die Vögel sammeln sich zum Zug,
mir fehlen ihre Lieder.
Ich wünsch euch einen guten Flug,
und kommt im Frühling wieder!

Am Morgen ist es schon recht frisch,
ich suche meine Weste
und räume weg den Gartentisch,
das ist vielleicht das Beste.

Obwohl: die Sonne scheint ja noch,
es ist noch nichts zu Ende!
Sie steht nur nicht mehr gar so hoch,
ganz langsam kommt die Wende.

Frühling und Sommer sah ich gehen,
zwei fehlen noch im Bunde.
Der Herbst wird sicher auch recht schön,
ich freu mich auf jede Stunde.

Und schön wird auch der Winter sein,
gilt dann auch frieren statt schwitzen.
Ich pack mich dann halt mollig ein
und bleib am Ofen sitzen!

Keine wesentliche Änderung

Als ich ein kleines Mädchen war
mit langen Zöpfen und steifen Haarschleifen darin,

sah ich
suchte ich
fand ich

jeden Tag en neues Wunder, irgendwo.

Ich kam aus dem Staunen nicht heraus.

Und Gott wohnte für mich
in einer dicken weißen Wolke.

Trüge ich heute noch Zöpfe –
sie wären grau gesträhnt.

Haarschleifen – gibt's die überhaupt noch zu kaufen?

Doch

ich sehe
suche
finde

immer noch Wunder –
nicht mehr jeden Tag,
vielleicht einmal im Monat
oder auch öfter.

Doch Gott
wohnt immer noch
in der gleichen dicken Wattewolke
wie vor vierzig Jahren.

Schon wieder Muttertag

Gerade heute
warten wieder viele Mütter
auf Briefe
auf Blumen
auf Besuche
ihrer Kinder

Gerade heute
werden riesige Gebinde
auf Gräber getragen,
die sonst ungeschmückt und
verlassen sind

Gerade heute
werden Geschenke gemacht,
große Geschenke,
um von einer kleinen Liebe abzulenken

Gerade heute
werden viele Worte gesagt,
wo doch ein einziges „danke" genügt

Gerade heute
wird so viel geheuchelt
wie sonst selten im Jahr

Gerade heute
wird es Tränen geben,
wo doch gelächelt werden sollte

Gerade heute
sollst du, meine Mutter,
wissen, dass ich dich liebe.

Nicht nur heute

Veilchen

Heut hab ich ein Veilchen gesehn,
das erste in diesem Jahr.

Ein winziges, blaues Veilchen.

Als ich mich zu ihm bückte,
sah ich in seinem Blau
die Weite des Himmels
und die Tiefe des Meeres.

In seinem Duft spürte ich
die Verheißung des Frühlings,
die Wärme des Sommers,
die Erinnerung an längst Vergangenes.

Seine Winzigkeit ließ mich erahnen,
wie klein auch ich im Weltenbild bin.

Klein und winzig,
doch GOTTES vollendete Schöpfung:
das Veilchen und auch ich.

Eigentlich nur dazu geschaffen,
andere zu erfreuen.

Juni

Ich liebe den Juni mit seinem Duft,
liebe die linde, warme Luft,
liebe die lauen Sommernächte –
o, dass es doch länger so bleiben möchte!

Die Wiesen stehn in bunter Pracht,
alle Blumen sind erblüht über Nacht.
Morgenkühle und glänzender Tau,
Sonnenschein – und der Himmel so blau!

Hoch hinauf die Lerchen steigen,
Vögel zwitschern, Grillen geigen.
Flimmernde Hitze über dem Land,
noch ist von der Sonne nichts verbrannt.

Der Geruch von Heu liegt überm Tal,
Bienen summen ohne Zahl..
Schmetterlinge in buntem Kleid –
all das gehört zur Juni-Zeit!

Könnte ich sie doch halten, diese Zeit!
Herz und Seele sind sommerbereit.
Ginge doch der Juni nur langsam dahin,
weil ich ein Kind des Sommers bin!

Erinnerung

G e s t e r n
als ich deine Stimme hörte,
war die Gegenwart
plötzlich Vergangenheit.

Ich war das Kind,
das mit dir
Hand in Hand
zur Schule ging.

Ich war das Mädchen,
das auf deine Briefe wartete
und das von dir zum ersten Mal geküsst wurde

Ich war die junge Frau,
die dich so sehr liebte,
und die du verlassen hast.

G e s t e r n
als ich deine Stimme hörte,
erwachte ich.

Ich weiß:

die Vergangenheit ist vergangen,
die Gegenwart lebt.

Doch ich musste weinen.

Katzenjammer

Wie ist das nett:
in meinem Bett liegt unsre Katze

Rund und wollig,
so schön mollig schläft die Katze

Augen geschlossen,
ganz ohne Possen schnurrt die Katze

Ich beneide eben
das schöne Leben unserer Katze:

Umsorgt, gepflegt,
verwöhnt, gehegt, wird unsere Katze

Immer warm
auf meinem Arm hat's unsere Katze

Doch an manchen Tagen
Ist's nicht zu ertragen mit dieser Katze:

dann will sie raus,
verlässt das Haus, die treulose Katze

So ist es eben:
in Freiheit leben will die Katze

Nach langer Nacht,
draussen verbracht, miaut die Katze

Freiheit ade,
Hunger tut weh, meint die Katze

Die Augen voll Glanz,
mit erhobenem Schwanz kehrt heim die Katze

Erst mal was naschen,
dann gründlich waschen – so macht's die Katze

An Vaters Seite
da ruht sie heute – die glückliche Katze!

Augen-Blick

Ich habe aufgeschaut
und sah direkt in Augen,
die auf mir ruhten.

Schnelles Wegsehen,
verlegenes Abwenden,
doch ich kann mich nicht wehren.

Ich schaue zurück und
tauche hinein
in dieses Augenpaar.

Versinke
ertrinke
lasse mich fallen

lese in diesem Blick
wie in einem Buch mit tausend Seiten

Finde Antwort auf alles,
was mich bewegt,
fühle mich verstanden,
lasse meine Seele streicheln
von diesen Augen . . .

Warum
hat niemand die Explosion gehört?
Bemerkt, dass die Erde bebte
und die Zeit stillstand?

Nicht lange –
leider nur einen Augenblick

Gefangen

Nichts leichter,
als die Tür hinter sich zuzuwerfen
und den Schlüssel innen stecken zu lassen,

loszufahren,
ohne Gepäck und sonstigen Ballast,
auf gerader Straße,
über verwinkelte Wege –
nach Irgendwo.

Frei sein, verweilen,
an einem grauen Tag den Regenbogen suchen,
das Meer riechen,
barfuss durch den Tau laufen,
alleine sein –
und träumen.

Tage verschlafen,
Nächte durchtanzen,
Fremde zu Freunden werden lassen,

lieben ohne zu bereuen,
aus er vollen Hand des Lebens nehmen
und leben leben leben . . .

Du fragst, warum ich bleibe?

Blicke aus braunen und grauen Augen,
deine Wärme, die ich nicht immer spüre,
und deine Liebe, an die ich glaube,
halten mich fest

Sehnen

Manchmal
irgendwo irgendwann
zu unterschiedlicher Zeit

fühle ich in mir
Sehnsucht wachsen wie eine Meereswelle,
die mir Angst macht,
auf mich zukommt,
mich überrollt,
aufnimmt,
wegträgt,
anspült
- an fremden Ufern.

Dummes Herz,
warum dieses Sehnen?

Hast doch alles:
Liebe Gesundheit Glück
alles was man so braucht

Was willst du mehr?
Was fehlt dir?

Sei zufrieden,
schlage ruhig weiter im Takt,
lass dich nicht verwirren

N e i n

Sehne dich weiter nach etwas Unerreichbarem,
träum deine Träume,
male dir Bilder in allen Farben
und lass dir diese Sehnsucht nicht nehmen.

Denn ohne sie
bin ich tot

Sommerwind

Wind –
du spielst mit meinem Haar
kühlst mein Gesicht
streichelst meine Haut

Woher kommst du?

Über grüne Wiesen und Wälder,
durch sanfte Täler,
über eisige Berge und tiefe Schluchten

Du fegtest über die Wüste
und stürmtest über das Eis

Du hast das Meer aufgewühlt und wieder geglättet,
hast verbranntes Land besänftigt durch deine Kühle,
hast frierende Menschen gewärmt mit deinem lauen Atem

Du kamst über Friedhöfe und Elendsviertel,
bist über Schlachtfelder hinweggeweht,
sahst Krieg und Frieden

Du hast erschreckt durch deine Stärke,
hast zerstört mit deiner Kraft,
brachtest Freude durch dein lindes Wehen

Sommerwind,
nun spielst du mit meinem Haar
und hast Sand in meine Augen geweht.

Oder woher kommen sonst meine Tränen?

Halbzeit?

Und da sind

Deine Augen
Dein Lächeln
Deine Stimme
Deine Berührungen,

die mich vergessen lassen,
dass wir beide schon so lange zusammen sind.

Das ist der Moment,
in dem ich spüre,
dass ich dich liebe – immer noch

Und dass ich mit dir
auch den Rest meines Leben
teilen möchte

S O S

Hilfe, ich ertrinke
in einem Meer von Unverständnis,
in einem See von Traurigkeit,
in einem Fluss von Kälte

Rette mich!
Zieh mich zu dir!
Fasse mich!
Halte mich fest!
Lass mich nicht los!
Stoß mich nicht weg!
Sieh meine ausgestreckten Arme!

S O S - beeile dich,
bevor ich aufgebe und
untergehe
weggetrieben werde
mich anspülen lasse dort,
wo du mich niemals mehr erreichst . . .

Abholbereit

Meine Gefühle für dich habe ich

Zusammengesucht
durchgesehen
aufgestapelt
eingewickelt
weggetragen

und in einem Schließfach deponiert.

Noch weiß ich nicht,
ob ich den Abholschein wegschmeiße
oder gut aufbewahre.

Flohmarkt

Angeknackste Seelen,
verbrauchte Körper,
brüchige Charakter,
zertretene Gefühle,
zerbrochene Herzen,
leergeweinte Augen:

das sind Angebote auf dem Trödelmarkt
des Lebens

Nimm dir Zeit,
suche aus
fange an zu restaurieren
und staune,
welch kostbare Einzelstücke
nun entstehen

Hände

Ein Händedruck zum Abschied –
Auslöser für

suchen und finden
ertasten und erfahren
streicheln und liebkosten
erkennen und erwarten
festhalten und klammern

Zittern und Unruhe
Frage und Antwort
Halt und Sicherheit
Reden ohne zu sprechen

Voraussetzung für diese Intensität
ist allerdings,
dass sich die passenden Hände treffen.

Zum Beispiel deine und meine.

Spurensuche

Am Strand bin ich entlanggegangen,
tiefe Fußspuren hinterlassend,
deutliche feste Abdrücke
meiner nackten Füße,

doch als ich mich umsah,
hatte sie das Meer ausgelöscht,
ausradiert und weggespült

Eben glatt unberührt
lag der Strand

Ich erschrak darüber,
denn irgendwann wird auch mein Leben,
das ich so selbstverständlich annehme,
ausgelöscht und beendet sein, als hätte ich es nie gelebt

Werde ich Spuren hinterlassen?

Einfach Glück

T a g e -

verbracht mit Menschen
unterschiedlicher Prägung und Herkunft

Herantasten
fühlen
in Augen schauen und Liebe darin sehen
Wärme spüren
Nähe greifbar machen
Vereinigung der Gedanken –

das sind Sonnenkringel auf dem
schwarz-weiß gemusterten Fleckenteppich
des Lebens!

Was wäre...

... wenn ich dich vor Jahren
an einem anderen Ort
unter anderen Voraussetzungen
kennen gelernt hätte?

Ob ich heute glücklicher wäre?

Ich weiß es nicht und will es auch nicht wissen.

Eines weiß ich aber:

hätte ich dich n i e kennen gelernt,
wäre mein Leben um Stunden trauriger
und um einen lieben Freund ärmer gewesen

Altkleidersammlung

Es ist Abend,
und nun lege ich auch diesen Tag
aus der Hand wie ein getragenes Kleid:

Es hat gepasst,
hat zwar gezwickt und eingeengt,
war dennoch weit genug,
bekam auch einen Riss,
dafür wurde eine andere Stelle
ausgebessert

Es ist leicht angestaubt,
etwas zu kurz,
aber doch lang genug.

Nun kommt es
in den großen Schrank, in dem mein Leben
- mehr oder weniger ordentlich -
aufbewahrt wird,
zu den vielen vielen anderen
bereits getragenen Tages-Kleidern:

jedes mir geschenkt,
alle mir passend,
manche gern getragen,
andere verabscheut,

alle nach einem ähnlichen Schnittmuster -
und doch jedes ein Einzelstück

Entfernung

Nach dem Atlas
liegt die Stadt,
in der du nun zu Hause bist,
etwa 700 Kilometer von hier entfernt

Eine gerade Autobahn
führt durch schöne Gegenden
schnell nach Norden

Du bist also ohne Schwierigkeiten
jederzeit
bequem zu erreichen

Was niemand außer uns beiden sieht
ist der Mann
ist die Frau
sind die beiden Kinder,
die mir den Weg
versperren

Kann ich sie einfach überfahren,
um zu dir zu gelangen?

Warten auf ein Zeichen

Plötzlich
ist da diese Mauer zwischen uns:

so dick, dass sich unsere Stimmen nicht mehr erreichen,
so hoch, dass sich unsere Hände nicht mehr berühren
können

Zusammen haben wir sie aufgebaut
aus Ängsten, Ärger, Eifersucht, verletztem Stolz,
Zerwürfnis, Streit

Wo ist unsere Liebe geblieben?

Gib mir ein kleines Zeichen,
und ich werde diese Mauer
Stein um Stein
abtragen
einrennen
zerstören,
bis wir uns wieder nahe sind.

Gib mir ein Zeichen!

Herbst

In des Sommers ausgetretenen,
verblassenden Spuren
wandelt der Herbst.

Als Begleiter den Wind,
aus Nebelschleiern das Gewand,
mit sonnenwarmem Rücken
und Spinnweben im Haar,
in der Hand die Farbpalette,
schreitet er in den noch warmen Fußstapfen
seines Vorgängers.

Und geht doch eigne Wege.

Für meine Tochter

Lass mich jeden Tag
in deine schönen braunen Augen schauen

Lass mich jeden Tag
dein warmes, helles Lachen hören

Lass mich jeden Tag
deine lieben, weichen Hände spüren

Lass mich jeden Tag
dir nahe sein,
denn deine Nähe macht mich froh

jeden Tag
jede Stunde
jede Minute
jede Sekunde

Duftgeheimnis

Vor mir ein Beutel mit getrocknetem Lavendel,
ein Mitbringsel aus der Provence,
Erinnerung an diesen Sommer.

Ich schließe die Augen,
vergrabe mein Gesicht in den duftenden Blüten,
und träume mich zurück . . .

sehe endlose Felder,
gelb von Sonnenblumen,
blau von Lavendel

gehe in Gedanken
durch schattige Pinienwälder,
spüre flimmernde Hitze,
fühle den kühlenden Mistral
auf meiner braunen Haut
und in meinem sonnengebleichten Haar

rieche das Meer,
sehe mich barfuss am Strand entlanglaufen
im heißen trockenen Sand,
bespritzt von neugierigen Wellen,
wo ich unzählige wundervoll geformte Muscheln finde

höre die unermüdlichen Zikaden,
sehe weiße Segel auf dem Wasser
und den dunkelblauen Himmel darüber

zehre noch von der Freiheit,
die wir hatten,
und von deiner Liebe,
die mich einhüllte

und lasse mich wegtragen dorthin,
wo wir so glücklich waren . . .

Ihr Blüten des Lavendelstrauches,
die ihr mit eurem Duft in mir die Erinnerung
an Sommer und Sonne wach haltet,
helft mir, dieses Glücksgefühl
durch den Alltag,
den grauen Herbst
und den kalten Winter zu retten

Gedanken zwischen Tag und Traum

Bunt wie Blumen,
schillernd wie Schmetterlinge,
unzählig wie Sterne,
leicht wie Libellen,
schwer und grau wie Regenwolken –
sind meine Gedanken

Ungerufen
hergezogen
zugeflogen
gesucht
gewälzt
in schlafloser Nacht
an hellem Tag –
kommen meine Gedanken

Um dich – meistens um dich –
um Gott
um Frieden und Freude
um meine Kinder
um alle Kinder der Erde
um Glück und Liebe
um Unglück und Krankheit
und um den Tod –
drehen sich meine Gedanken

Versuche,
dich ihnen zu nähern,
und du wirst mich ein wenig besser verstehen

Mach dir Gedanken um mich

Himmelswesen

Du siehst hübsch aus,
sagte er.
Und redest so klug.
Bestimmt bist du empfindsam,
sagt er,
und sensibel.
In deinen Augen liegt Zärtlichkeit.
Du bist einfach ein Engel.

So sagte er.

Da nahm ich den Balsam,
den er mir reichte,
und rieb meine ausgetrocknete Seele damit ein.

Ich redete klug,
gab mich empfindsam und sensibel
und ließ ihn
von meiner Zärtlichkeit kosten.

Ich fühlte mich als Engel –
eine ganze Nacht lang.

Doch am nächsten Morgen
waren meine Flügel
zerbrochen

Herzenswunsch

Dies ist mein Herzenswunsch:

an einem frühen Juni-Morgen
auf dem Bahnhof deiner Stadt anzukommen,
ohne Gepäck und ohne Rückfahrkarte,
nur mit meiner Liebe zu dir in der Handtasche

von dir abgeholt zu werden
und mit dir einen ganzen langen Tag
durch Straßen zu schlendern
und über Plätze zu bummeln

abends in deiner Wohnung anzukommen
Türen und Vorhänge zu schließen

bei Ravels „Bolero" im Kerzenschein zu träumen

dich eine ganze Nacht zu lieben

später dann
Wange an Wange
Mund an Mund
Herz an Herz
einzuschlafen

und nie mehr zu erwachen . . .

Spiegelbild

Gib mir ein Stück
meiner Kindheit zurück,
du mein Freund aus fernen Tagen,
und ein Stück meiner Jugend,

damit ich nicht so traurig bin,
wenn ich eine Falte mehr
in meinem Gesicht entdecke
und eine handvoll grauer Haare
in meiner ach so jugendlichen Frisur . . .

Allein ein Blick in dein Gesicht macht mich Jahrzehnte
junger

Gerne zerschlüge ich all meine Spiegel,
könnte ich dafür
jeden Tag in deine Augen sehen

Deine Stimme

An alle Worte,
die du an jenen Tagen sprachst,
erinnere ich mich nicht mehr.
Vieles blieb ungesagt,
weil wir uns auch schweigend verstehen.

Aber den Klang deiner Stimme
habe ich in mir aufgenommen
und höre ihn noch widerhallen:

männlich tief
beruhigend
zärtlich flüsternd
nie laut

und am schönsten,
wenn du meinen Namen sagst

Spaziergang während eines Kuraufenthaltes

Taufrischer Morgen
mit Perlen auf dem Gras – erlebt ohne dich

Spaziergänge durch Wälder
und über Sommerwiesen – ohne meine Hand in deiner

Wanderungen am See
und in den Bergen – ohne deinen Halt

Sonnenuntergang
glutrot über den Felsengipfeln – ich sehe ihn allein

Die Nacht
ist so lang – du bist nicht bei mir

Alles
ohne dich – momentan

Müsste ich weinen,
weil du mir nicht fehlst?

Mohnfeld

Roter Mohn auf Sommerwiesen,
fedrig leicht, in voller Pracht!
Mit den Augen still genießen,
Sommer will uns nun begrüßen.
Langer Tag und kurze Nacht,
Sonnwendfeuer sind entfacht.

Morgens

Die Dämmerung zieht den Schleier weg
und grüßt den neuen Tag.
Die frechen Spatzen fliegen keck
laut tschilpend übers Haus hinweg.
Nun hör ich auch der Amseln Schlag
- dies ist ein Morgen, den ich mag!

Mord – von langer Hand vorbereitet

Ich habe getötet.

Deinen großen dunklen Schatten,
der seit zwei Jahren hinter mir stand,
an meinem Tisch saß,
in meinem Bett lag,
mir den Atem nahm
der mir alle Wege versperrte,

habe ich

aus meinem Herzen gerissen,
zu Boden geworfen
und mit den Füßen laut lachend zertreten

Ich wünschte,
dass du es gefühlt hast

Nun geht es mir gut
wie lange nicht mehr

Und ich bin endlich wieder frei frei frei

Sommerliebe

Wenn die Sonnenblumen blühen,
ist der Sommer überm Land.
Tage, die vor Hitze glühen,
Nächte, die vor Leben sprühen –
komm und gib mir deine Hand,
lass uns spazieren gehn am Strand!

Schau, wie ruhig liegt die See!
Sterne spiegeln sich im Blau,
auf dem Deich wächst grüner Klee,
über den ich mit dir geh,
barfuss durch den feuchten Tau.
Und die Nacht ist lind und lau.

Und wir gehen Seit' an Seite
schweigend dort am Ufer lang.
Ach, wie glücklich bin ich heute!
Jeder Tag ist voller Freude!
Hörst du auch den Wellensang?
An deiner Hand ist mir nicht bang.

Schau, schau schnell zum Himmel auf!
Eben ist ein Stern gefallen.
Sternschnuppe nimmt nun ihren Lauf,
hab so sehr gehofft darauf.
Einen Wunsch hab ich vor allen:
halt mich fest, lass mich nie fallen.

Heimwärts durchs Getreidefeld –
Liebster, welche in süßer Duft!
Rings um uns da schweigt die Welt;
leise nur der Wind erzählt
Und klagend dort ein Vogel ruft.
Glühwürmchen flimmern in der Luft.

Ja, so will ich mit dir gehen
Immer weiter, Tag und Nacht.
Will in deine Augen sehen,
ganz viel Liebe drin erspähen,
Liebe, die mich glücklich macht:
zärtlich, stürmisch, wild und sacht!

Lichtblick

Fluss im Abenddämmern –
dunkel und beständig fließend,

nimm meine Tränen mit dir

trage sie fort ins Meer

lass sie von der Sonne aufnehmen

und als Sonnenstrahlen

in mein Herz zurückfinden.

Rosentraum

Am Rosenstrauch,
über und über voll
mit roten Blüten und grünen Knospen,

rankt sich haltsuchend
die violette Clematis
empor.

Ich liege darunter
und träume mich
In das Blau des Himmels.

Komm her zu mir
ganz nahe
noch näher

Und ich nehme dich mit
in meinen Traum

Stufen ins Nichts

Braunrote Sandsteinstufen -

ausgetreten von
schnellem Getrippel kleiner Füße
leichten beschwingten Frauenschritten
schwerem Schlurfen gebeugter Männer

führen ins Aufwärts
weisen ins Abwärts

Hängen am Löwenzahn, der sich hier wohlfühlt,
nicht noch farbige Seidenfäden altmodischer Kleider?

Liegt nicht noch irgendwo das vertrocknete Blütenblatt
einer roten Rose?

Schimmert dort nicht noch Kerzenlicht durchs Gezweig?

Klingt aus dem Schatten nicht noch der Ton einer
verträumten Melodie?

vergangen
vergessen
Erinnerung

Stufen –

vom Aufwärts ins Abwärts
vom Gestern zum Heute
von morgen zur Ewigkeit

Heimweh

Fremd
verlassen, allein
in der Großstadt.

Grelles Licht, nasser Asphalt.

Schon wieder in die Bar.

Am Tresen stehen, trinken, rauchen, vergessen.
Sich anstarren lassen von aufgedunsenen,
verschwommenen Gesichtern.

Warum nur stehe ich im Lärm?
Abend für Abend im Rauch?

Ich möchte nach Hause –
zurück zu dir.

Hole mich
Heim

Abends

Durch modriges Laub
und beißenden Reif

gehe ich zu
auf den matten Schein
in der Ferne.

Gedämpftes Licht
erfüllt die Kneipe.
Das dünne Blattgold der Wände
wirkt schäbig.

Ich sehe für den Teil einer Sekunde
durch den Rauch
sein zufälliges Lächeln,
spüre das Zerspringen des Glases
in meiner Hand . . .

Durch die schweigende Nacht
gehe ich frierend
alleine nach Hause.

Erwachen

Frühes Sonnenlicht
an der gedunkelten Balkendecke
über meinem Bett

Zwitschern und flöten der Vögel
aus dem nahen Waldstück

Matter Wind
spielt mit hohem Gras

Vom Bretterdach
springt die Katze in raschelndes Laub

Die Nacht ist vorüber

Zeit zum Aufstehn.

Hoffnung

Fern
am Horizont
rot leuchtende Sonne

Versinkend ins unendliche Blau,
ertrinkend in des Meeres Tiefe,
nicht mehr sichtbar für meine Augen,

erloschen, verschwunden, ertrunken, meiner Sicht langsam
entzogen –

senkt tiefe Traurigkeit in mein Herz,
rührt zu Sehnsucht und Tränen

und lässt doch hoffen

auf neues Erwachen,
neues Beginnen –

morgen.

Was ich mag

Das Meer an einem stürmischen Tag,
Bäche über grüne Wiesen,
Berge, drohend von Wolken verhüllt,
laue blaue Sommernächte,
Sternenglanz am hohen Himmel – und meinen Mann

Duftende Kartoffelfeuer,
kleine Bücher mit Gedichten,
golden-braune Sonnenblumen,
den Geruch gemähten Grases,
Schnee, der sanft vom Himmel fällt – und meine Kinder

Langes Frühstück im Pyjama,
dunkle Stuben in alten Häuser,
gute Gespräche mit netten Leuten,
Rotwein, getrunken aus Wassergläsern,
Wind, der meine Haare zaust – und deine Hand in meiner

Schwarzen Tee mit Kandiszucker,
Kerzenschein im warmen Zimmer,
blauen Lavendel mit seinem Duft,
ein heißes Bad mit ganz viel Schaum,
rotlackierte Fingernägel – und Kater Felix in meinem Bett

Stunden, alleine mit mir verbracht,
Seidenstoff auf meiner Haut,
buntes Laub auf stillen Wegen,
warme Sonne auf meiner Haut,
regenschwere Frühlingstage – und meine Freundin Ulla

Mondlicht, das sanft durchs Fenster fällt,
rings um mich vertraute Bücher,
meinen Korb mit bunter Wollen,
den Bolero von Ravel,
meine Mokkatassensammlung – und Anthony Quinn

Kleine Kinder, die nicht mir gehören,
dunkle Wolken vor einem Gewitter,
Mozarts „Kleine Nachtmusik",
Männer, die nach „Kourous" duften,
meinen Füller, mit dem ich schreibe – und Petra

Meinen Glasschrank mit viel Kitsch,
Sonntage, faul im Bett verbracht,
schon gebügelte Wäscheberge,
neblige Novembertage,
altes Meißner Porzellan – und am meisten mich!

Süchtig

Nicht durch Alkohol oder Medikamente –

allein durch deine Hände,
die mit meinen Fingern spielten,

sie ertasteten,
erfuhren,
erkundeten,
streichelten,

jeden Nerv in ihnen
zum Schwingen brachten

und die weiterschwangen
in meinem Körper zu Punkten, die ich für tot hielt –

diese Hände –
deine Hände

sind die Drogen,
die mich süchtig machten
und nach denen
mich ständig verlangt

Nur für Ulla

Freundin du –
begleitest mich schon Jahrzehnte
durch mein Leben,

mal nahe, mal weiter entfernt,
aber immer greifbar,
wenn ich dich brauche.

Durch Jungmädchenträume
und Tage des Kummers,

durch hilflose Zeiten als junge Frau
warst du bei mir.

Jetzt – in den Jahren der Reife –
bist du mir noch wertvoller geworden.

Deine Nähe

erfreut mich
befreit
muntert auf
beruhigt
regt an
zum Lachen – auch Weinen – und Träumen.

Bleibe bei mir.
Geh weiter an meiner Seite,
durch graue Tage,
durch leuchtende Tage.

Freundin du –

wie viele Tage werden uns noch bleiben?

Frühe

Der erwachende Morgen
trägt auf seinen Armen
noch die Stille der Nacht vor sich her.

Ich kehre zurück
aus der sinnlichen Welt meiner Träume,
in denen alles möglich ist.

Umwoben von Schleiern
bleibt das Geheimnis meines Traumes
unentdeckt.

Eine unendliche Leere
ergreift mein Herz.

Die Erscheinungen der Nacht
sind mir nahe – so nahe –
und doch in weite Fernen entrückt

Mit dem Erwachen
endet die Reise
in
mein
ich

Wiedersehn mit A.

Das bist du also heute:

Etwas schlanker und ruhiger,
etwas grauer um die Schläfen
und etwas zerknitterter im Gesicht

-    etwas älter eben.

Doch immer noch DU

Denn deine Augen –

diese Augen,
in denen ich soviel Erinnerung
und Zärtlichkeit sehe,
von der ich mir wünsche,
dass sie immer noch nur für mich bestimmt ist –

deine Augen haben sich nicht verändert!

Lass mich einmal noch
darin eintauchen
und untergehen,
mich spiegeln in ihrem Grau ..

und die Jahre unserer Trennung
lösen sich auf
wie Tau an einem Sommermorgen

Glücklich

N i e
wirkt der Himmel höher,
leuchten die Sterne heller,
scheint der Mond voller
als sommernachts

N i e
singt die Nachtigall schöner,
zirpen die Grillen fröhlicher,
klingt Musik schmeichelnder
als sommernachts

N i e
weht der Wind lauer,
rauscht das Meer sanfter,
duften die Blumen süßer
als sommernachts

N i e
schlägt mein Herz schneller,
sind meine Gefühle ruheloser,
ist meine Sehnsucht größer
als sommernachts

N i e
bin ich dir näher
als im samtenen Dunkel
einer Sommernacht

Tödliche Verletzungen

Du schlägst mich nicht,
aber du kränkst mich
und verletzt mich
bis ins Tiefste meines Innern.

Du lässt meine Seele frieren,
trampelst auf meinen Gefühlen,
zerbrichst mein Herz durch deine Tiefschläge,
verursachst mir Kopfschmerz durch
dein ständiges Schimpfen

Eines Tages werde ich
meinen Verletzungen erliegen.

Hoffentlich bleibt mir zuvor noch die Kraft,
dich endlich zum Teufel zu wünschen

Durch Burgund

Herbstlicher Mittag
über noch grünen Wiesen.

Sonnenlicht
auf abgeernteten Feldern.

In buntgefärbten Weinbergen
pralle blaue Trauben,
wartend auf die Kelter.

Wehrhafte Kirchen,
einsame Herrenhäuser,
weißgekalkte Winzerhütten
grüßen von rechts und links.

Gesegnetes Burgund –
Gottes Lächeln auf lieblichem Land!

Feige und mutlos

Wenn du

morgen früh aus dem Haus gehst

mit deiner Tasche unterm Arm,
den geputzten Schuhen an den Füßen,
diesem selbstzufriedenen Macho-Lächeln
im sorgfältig rasierten Gesicht

mit deinen wohlfrisierten Haaren,
die akurat anliegen müssen
und doch immer dünner und spärlicher werden
in denen zu zausen mir verboten ist

wenn du mich dann zum Abschied
gnädig geküsst hast
und die Haustür öffnest,
werde ich dir nachrufen:

vergiss nicht, dir endlich eine eigene Wohnung zu suchen!

Ganz ganz leise werde ich rufen . . .

Eiszeit

Schnee und Eis auf dem Feld,
hart gefroren,
kalt,
erstarrt,
abweisend,
ohne Leben.
Unter dieser Decke ist alles tot.

Alles tot?

Mach dir die Mühe und
zerkratze
zerstoße
zerstöre
erwärme
diese kalte Hülle.

Taue sie auf mit deinen Händen
und mit deinem Atem,
nur ein kleines Fleckchen.

Und du wirst

Wärme spüren,
Leben finden.

Versuche es – und bedenke:
auch Menschen können Felder sein

Für Robert D.

Nett, dass ich dich kennen lernte.
Schön, mit dir zu reden,
noch schöner, dir zu zuhören.
Herrlich, mit dir zu lachen!

Wenn da nur nicht
diese Spur von Traurigkeit
in deinen Augen wäre . . .

Irgendwer
muss irgendwann
irgendetwas
in dir zerstört haben
und die Trümmer liegen noch rum.

Weißt du nicht, dass man
auch aus Trümmern
starke Bauwerke erstellen kann,
die Stürmen trotzen,
Kriege überstehen,
Generationen überdauern -

Worauf wartest du?

Zögere nicht länger,
fange an
beginne zu bauen.

Und lass mich – irgendwann –
sehen, wie haltbar,
wie stark
wie standhaft
dieses Bauwerk wurde

Acht Jahre später
(für denselben Robert, anl. *seiner Priesterweihe)*

Nun kann ich es also

sehen,
bewundern,
bestaunen – dieses Bauwerk,
das aus brüchigen Steinen entstand:

GOTT selbst als Baumeister
gab dir den Halt,
er befreite deine Seele aus ihren Fesseln
und führte sie in die Weite.

Er lässt dich teilhaben an seinem Werk –
wie sehr muss er dich lieben!

Er ließ dich selbst zum Tempel werden
-        haltbar, standhaft , stark –
von dem aus du SEIN Wort verkünden sollst.

Und alle Traurigkeit
ist aus deinen Augen gewichen
und hat Platz gemacht jenem Leuchten,
das von unsichtbarer Flamme genährt wird

Festhalten oder loslassen?

Lass es nicht wahr sein
und dreh die Zeit zurück!
Sei bitte erst sieben oder neun,
aber nicht siebzehn!

Lass es nicht wahr sein,
dass du weggehst – ohne mich.

Wenn sie dich traurig machen –
wer wird dich trösten?

Wenn sie dich kränken –
wer verteidigt dich?

Wenn sie böse zu dir sind –
wer nimmt dich dann in die Arme?

Lass es nicht wahr sein –

doch ich muss dich gehen lassen!
Das Leben wartet auf dich.

Werde stark!
Werde mutig!
Werde erwachsen!

Sei frei, mein kleiner, geliebter Vogel

Doch kehre zurück,
wann immer du magst,
woher auch immer.

Dein Platz in unseren Herzen, in unserem Haus,
bleibt frei für dich, für alle Zeit.

Aber wie früher
wird es nie wieder sein . . .

Ohne Überschrift

Wenn ich sie so sehe,
diese schrecklichen jungen Leute . . .

laut und englisch,
lärmend und rauchend,
ständig auf der Suche,
kichernd und albern,
zornig und weinend,
frech und verroht,
zärtlich und verliebt,
sich küssend und umarmend,
freundlich und hilfsbereit,
bunt und hysterisch,
protestierend und demonstrierend,
ständig auf der Suche nach etwas
und so gescheit -

dann habe ich Mitleid.

Nicht etwa mit der Jugend,
sondern mit mir,
weil ich tief in meinem Innern
eine Stimme hämisch flüstern höre:

du wirst vierzig
du wirst vierzig
du wirst vierzig
du wirst -

(doch nicht etwa
alt und neidisch?)

Notgemeinschaft während eines Kurses

Ich spüre ganz stark

eure Wärme
eure Liebe
eure Nähe

und fühle mich wohl
in euerm Kreis.

Auf Zeit
gehen wir ein Stück unsres Weges
 gemeinsam.

Bildet eine Kette
und lasst mich
ein Glied dieser Kette sein

Tragt mich
haltet mich
lasst mich nicht fallen,
nehmt mich mit . . .

nur ein Stück,

bis sich unsere Wege trennen
und die Kette bricht

Goldene Zeit

Der Frühling hat gewonnen!
Tausend goldene Sonnen
sind über Nacht
zum Leuchten erwacht!

Löwenzahn auf der Wiese,
freudig ich dich begrüße!
Dottergelbe Welt,
die mir so sehr gefällt!

Umschwärmt von Bienen und Mücken,
von Kindern, die dich pflücken.
Goldener Löwenzahn
sagt mir den Sommer an:

Herz und Seele weit offen,
will ich den Sommer erhoffen!
Möchte den Vögeln lauschen,
am Blütenduft mich berauschen.

Wiesen in voller Pracht,
Bäume, erblüht über Nacht . . .
Klein fängt dies Wunder an:
mit goldenem Löwenzahn!

Spielzeug

Komm, lass uns eine
neue Arbeit suchen:

Du wirst Puppenspieler,
ich deine Marionette.

Wir werden viel Erfolg haben
mit unserem Stück
so mitten aus dem Leben
Aber wie lange?

Gibt es doch schon
Geh- und Sprechpuppen
und – vielleicht –
schon bald
Denk- und Weglaufpuppen

Dann wirst du einen neuen Beruf
erlernen müssen

Illusionen

Er sieht die Sonne und meint,
es ist warm.

Er sieht ein Kind und denkt,
das ist die Zukunft.

Er sieht einen Baum
und redet
von dichten Wäldern.

Er geht über Getreidefelder
und meint Brot zu riechen.

Er spricht von Verteidigung
und meint Krieg

Er hat Geld
und denkt,
er wäre reich.

Er hört Glockengeläut
und meint, es wäre Frieden

Dann fällt sein Blick auf mich
und sein Lächeln sagt:
mein Eigentum!

Illusion –
wie Glocken gleich Frieden

Anschluss unter dieser Nummer

Ruf einfach an,
wenn du mit mir reden möchtest,
hab ich dir geschrieben,
auch mitten in der Nacht.

Ich habe es auch so gemeint.

Tage vergingen,
das Telefon klingelte oft.
Du warst es nie.

Vielleicht
kommst du ja auch
alleine klar
und brauchst mich nicht

zum Reden
zum Zuhören
zum Schweigen.

Sonntag nacht, null Uhr vierzig.
Das Telefon läutet.
Ich bin noch wach,
als hätte ich geahnt,
dass nun der Zeitpunkt da ist.

Ich nehme ab.
Du sagst nur deinen Namen.

Da weiß ich,
dass du mich brauchst.

Du redest,
ich höre zu.

Entfernungen
schmelzen
in dieser Nacht
auf Zentimeter

Du brauchst mich – wie schön

Ich bin für dich da,

in dieser Nacht und
an allen Tagen meines Lebens

Arbeitsaufwand

Ihr feilt meine Kanten
und glättet die Falten
und hobelt weg
und rundet die Ecken
an mir

Tagtäglich
macht ihr euch diese Mühe
und wundert euch,
dass ihr nichts bewirkt

Ihr wollt mich
glatt
gefällig
rund
einfach zu handhaben

Hört auf damit!

Sucht mich hinter Kanten,
findet mich hinter Ecken,
seht mich an
und lernt mich kennen,
wie ich bin

Werft eure Werkzeuge weg,
 behandelt mit mich
L i e b e

und ich werde sein,
wie ihr mich
schon immer haben wolltet

Jahreszeiten

Wir liebten und einst
unter blühenden Bäumen
am heiteren Frühlingsabend,
begleitet vom Gesang der Nachtigall,
die unsere Lust auf ihren Flügeln
in den sterngoldnen Himmel trug.
Voll unendlicher Hoffnung war unser Leben!

Du liebtest mich
im heißen Sand,
sommertags unter schattigen Pinien,
umhüllt vom Rauschen des Meeres
in seinem ungebrochenen Rhythmus,
bis die Wellen unser Sein auslöschten.
Voll unendlicher Kraft war unser Leben!

Liebe mich
im bunten Wald am warmen Herbsttag,
zugedeckt von raschelndem Laub,
um uns das Raunen des Windes,
der unsere Sehnsucht mit sich hoch hinauf
ins verschwommene Blau nimmt.
Voll unendlicher Liebe ist unser Leben!

Einmal werden wir uns lieben
wintertags auf kaltem Boden
unter den kahlen Zweigen des Ahornbaumes.
Das Krächzen der hungrigen Raben ringsum
wird unser Schluchzen übertönen.
voll unendlicher Dankbarkeit wird unser Leben sein!

Nicht viel

Nur kurz der Moment
unserer ersten Umarmung,
sekundenlang nur
der Druck deiner Lippen
auf meinem Mund.

Ich genieße diesen Augenblick
und bin mir seiner Kostbarkeit
ständig bewusst

Noch bin ich
mit diesem Wenigen
zufrieden

Sternenbett

Pflücke mit mir
die leuchtenden Sterne
aus dem nachtblauen Himmel

Baue mit mir
daraus
ein schimmerndes Bett

Liebe mich
und verglühe mit mir
beim ersten Sonnenstrahl

Nimm

Am Leuchten deiner Augen
konnte ich es sehen

am Streicheln deiner Hände
konnte ich es fühlen

am Zittern deiner Stimme
konnte ich es hören:

Du bist bereit

Finde die Antwort
in meinem Kuss

Es ist gut so

Rotwein im Glas,
samtene Glut.
Wir trinken uns zu -
alles ist gut.

Nimm meine Hand,
hab doch den Mut,
fühl mein Begehren -
alles ist gut.

Glanz in den Augen,
Prickeln im Blut,
wir beide alleine –
alles ist gut.

Lass es doch zu,
was sich nun tut,
wehre dich nicht –
alles ist gut

Wie Herz an Herz
friedlich nun ruht,
die Zeit steht still –
alles ist gut!

Gewissensbisse

Mach dir keine Gedanken, Liebster,
niemand wird davon erfahren.
Es hat uns auch niemand gesehen.

Freue dich mit mir darüber,
was uns geschah,

dass wir noch einmal erleben dürfen,
wie es ist,
verliebt zu sein:

dieses umwerfende
Herzklopfen und
die Schmetterlinge im Bauch,

nochmals jung zu sein – ganz jung

Drum freue dich an mir,
so wie ich mich an dir erfreue,
denn späte Lieben
dauern selten ewig . . .

Ungeklärte Besitzverhältnisse

Traummann –

er hat die zärtlichsten Hände
und den liebevollsten Mund,
ein Blick in seine Augen
schenkt mir Vergessen,
eine Berührung von ihm
lässt mich vor Glück erschauern

Er wird in meinem Arm
wieder zum jungen Mann,
stark und kraftvoll

Ich lege meine Hand in seine
und lass mich
vertrauensvoll von ihm führen,
wohin er will

Er gibt mir das Gefühl,
ihm wichtig und kostbar zu sein

Nur er
versteht meine Gedanken und Gefühle
und träumt mit mir meine Träume

Traummann –

mit nur einem Fehler:
er gehört nicht mir!

TOP 27 oder so bei einer Tagung

Statt hier zu sitzen, lamentieren
oder fruchtlos diskutieren,
möchte ich liebe ganz allein
jetzt mit dir zusammen sein!

Dich zu lieben wär' jetzt schön,
möcht in deine Augen sehn,
möcht dich ganz nah bei mir spüren,
möchte dich so recht verführen.

Komm, lass uns nach draußen gehen!
Ist das Wetter auch nicht schön,
kann man kosen sich und küssen,
ohne sich zu schämen müssen.

Nun lass uns verschwinden leise!
Verbringen wir auf unsre Weise
den Rest von diesem langen Tag,
wie's du gern hast und ich es mag!

Was ich möchte

Ich möchte,
dass er bleibt,
der Duft deines Rasierwassers
in meinem Haar

Ich möchte
ihn weiterhin spüren,
den Druck deiner Lippen
auf meinem Mund

Ich möchte,
dass es wieder kommt,
dieses Kribbeln im Bauch,
wenn du mich berührst

Ich möchte,
dass sie erhalten bleibt in mir
diese unbeschreibliche Sehnsucht nach dir

Ich möchte   du möchtest   wir möchten

Du bist es!

Du bist
der kleine Punkt auf meinem i,
die duftende Rose an meinem Dornenstrauch,
der fehlende Knopf an meiner Jacke – du bist es!

Du bist
der Strohhalm, nach dem ich greife,
das Gold, das meiner Morgenstunde leuchtet,
das Körnchen Salz in meiner Suppe – du bist es!

Du bist
Wärme, wenn ich friere
Trost, wenn ich weine
Liebe, wenn ich hasse

Du bist das Gelb,
das mein Lila leuchten macht – ja, du bist es!

Nachtspaziergang

Geh noch einmal mit mir
nachts auf heimlichen,
verschlungenen Wegen
im tiefen Schatten der Bäume
durch den Park in M.

Dort,
wo es am einsamsten ist,
wollen wir uns umarmen

Noch einmal
will ich mich erfreuen
an deiner Lust,
die auf mich übergeht

Noch einmal
will ich erfahren,
wie es ist,
deine Hände und Lippen zu spüren
und dir zu zeigen,
dass ich wie du empfinde

Nur einmal noch . . .

Dann lass uns weitergehen
im hellen Licht der Laternen
und davon träumen,
was wäre wenn . . .

Reiseerlebnis

Langsam breitete es sich wieder
aus in mir,
dieses heimelige Gefühl
von Vertrautheit und Wärme,
das mich immer
in seiner Nähe befällt

Noch wusste ich nicht,
wie weit in ihm
etwas aus unserer
letzten Begegnung
zurückgeblieben war

So saßen wir im Intercity
und fuhren unserem Ziel entgegen

Frage mich nicht,
worüber wir sprachen,
frage mich nicht,
worüber wir lachten

Plötzlich – endlich –
lag da seine Hand auf meiner

Und unsere Finger
suchten
fanden
erkannten sich wieder
und waren zu Hause

Gottes Geschenk

Plötzlich und unvermutet
bekamen wir ein Geschenk,
etwas nicht Selbstverständliches,
etwas Kostbares:
alltäglich und doch
immer wieder einmalig
stark und tragend
und dennoch
unendlich verletzlich
zerbrechlich
und zart

Ich meine die L i e b e,
die unsere Herzen erfüllt
mit Zärtlichkeit füreinander
und Freude aneinander

Lass uns vorsichtig damit umgehen,
ganz vorsichtig,
damit sie nicht erschrickt
oder erfriert
oder zertreten wird

damit sie
vielleicht noch wachsen kann,
diese Liebe,
die nur mir und dir gehört

Entfachtes Feuer

Als ich ihn neulich wiedersah,
war mein Inneres voll Freude –
wie immer, wenn wir uns begenen

Doch während unseres Beisammenseins
schlich etwas in mein Herz,
das mich zuerst erschreckte,
dann aber vor Freude
erzittern und erschauern ließ

Und nun wärmt eine kleine Flamme
mein Herz und meine Seele –
Hoffnung nährt sie

Voll Furcht
freue ich mich
auf das Wiedersehn.

Denn wie vorher
wird es nie mehr sein . . .

Perlenzeit

Stunden mit ihm
sind wie Perlen,
unerkannt aufgereiht
zwischen Flitter und Tand.

Erst durch ihn
erwachen sie zum Leben,
erhalten Glanz und Wärme
und sind mir unendlich
kostbar

Eins sein

Mit meinem ganzen Sein
möchte ich
durch dein Augen
eintauchen
in deine Seele,

von ihr Besitz ergreifen,
meine Spuren darin hinterlassen
und in deinem Herzen
mich verströmen

Kreislauf

Zwei Kreise,
zwei Menschen,
zwei Leben:

du in deinem Kreis,
deiner Welt,
mit deiner Arbeit,
deinen Interessen,
der Familie

Ich in meinem Kreis,
meiner Welt,
mit meinen Aufgaben
an dem mir Anvertrauten

Zwei verschiedene Welten.

Aber dort,
wo sich die Kreise überschneiden,
in diesem leeren Raum,
warte ich auf dich, wartest du auf mich.

Hier stehen nur wir beide,
wenn wir uns treffen,
du und ich,
fern vom Alltag

Dieser Platz
in unser beider Leben,
der nur dir und mir gehört ,
ist mir ungeheuer lieb und wertvoll

Aufbruch

Brich auf in eine **frohe** Zeit,
halte dein Herz für **das Leben** bereit!
Regen und Sonne,
der Blumen Wonne,
vertreiben deine Traurigkeit.

Brich auf in eine **glückliche** Zeit,
halte dein Herz für **die Liebe** bereit!
Spüre Armut und Not,
teile dein Brot,
dein Lächeln verbreite Menschlichkeit.

Brich auf in eine **bessere** Zeit,
halte dein Herz für **die Hoffnung** bereit!
Die Zukunft wagen,
handeln statt klagen,
das ist der Weg zur Verantwortlichkeit.

Brich auf in eine **ruhige** Zeit,
halte dein Herz für **den Frieden** bereit!
Kriege und Schmerzen,
verängstigte Herzen,
werden für immer Vergangenheit.

Brich auf in eine **lichtvolle** Zeit,
halte dein Herz **für Gott** bereit!
Lass ihn drin wohnen,
er wird es dir lohnen -
hier und in der Ewigkeit.

Nachtlied für meine Liebsten

Zaghaft und sacht klopft an die Nacht.
Sie tritt herein im Mondenschein
und deckt mich zu und schenkt mir Ruh.

Sie ist so lind, ich bin ihr Kind.
Geb mich ihr hin mit Leib und Sinn
und werde still, weil sie es will.

Vor Angst und Sorgen bin ich geborgen,
kann i c h nun sein und hüll mich ein
in ihr Gewand. Bin ihr bekannt.

Die Seele ruht. Es geht mir gut.
Nur kann ich träumen von Blumen und Bäumen,
von Kinderfreude, von gestern und heute,

und auch von dir! Komm her zu mir!
Ich will dich spüren, will dich berühren . . .
das Traumbild schwindet, das uns verbindet -

ich bin allein. Doch kann es sein,
du träumst von mir. Und so finden wir
im Traum ein Stück vom gemeinsamen Glück.

Liebster, gut Nacht! Der Tag ist vollbracht.
Mit Gottes Segen gehn wir entgegen
Dem neuen Erwecken ohne Angst, ohne Schrecken.

Zaghaft und sacht schwindet die Nacht.
Die Sonne geht auf, nimmt ihren Lauf.
Der Tag tritt heran, fang ihn gut an!

Atemlos

Wenn deine Hand sich leise
in meine stiehlt,

wenn laut pochend, drängend,
sich mein Herz anfühlt,

wenn deine Augen tief
in meine sich versenken,

wenn nur durch Blicke
wir einander alles schenken,

wenn ich leicht fiebernd
deine Haut berühre,

wenn ich dann glücklich
dein Bereit-Sein spüre . . .

sind dies die schönsten Augenblicke meines Lebens,
und das lange Aufeinanderwarten
ist nicht vergebens!

Leuchtfeuer

Licht im Fenster meines Herzens –

entfacht von unserer Liebe,
genährt von Hoffen und Warten

manchmal hell auflodernd,
manchmal leise flammend,
aber nie erlöschend -

wärme mich,
sei mir Zuflucht
in den dunklen Zeiten
meines Daseins

Brenne
kleine Flamme
brenne

Kleinigkeiten

Wenig,
was ich diesmal von dir bekomme:
eine kurze Umarmung,
ab und zu ein Lächeln,
hier und da ein leichte Berührung,
manchmal einen liebevollen Blick.

Das gibst du mir heute.

Doch letztes Mal
bekam ich von dir soviel,
wie du nur zu geben vermagst

Dafür
liebe ich dich
und kann mich aus diesem Erinnern
nun gut mit Kleinigkeiten begnügen

Donnerstag, 9. Mai, frühmorgens

Gleichsam

Hand in Hand mit der Morgendämmerung
trat diese unendliche Sehnsucht nach dir ins Zimmer

Ein Ruf von dir?
Reste eines Traumes?

Ich weiß es nicht.

Ich werde es auch nicht erfahren,
denn

wir können uns nicht sehen
wir können nicht miteinander reden
wir können uns nicht einmal schreiben

Doch ich sende meine Gedanken
voll Kraft und Liebe
in deine Nähe

dort werden sie verweilen
diesen ganzen Tag lang

Und du wirst fühlen,
dass da jemand an dich denkt!

Naturkatastrophe

Lasst mich

die Welt umarmen
den Wind anhalten
die Sonne küssen

denn ich habe

ihn wiedergesehen
mit ihm geredet
tief in seine Augen geschaut

Viermal habe ich ihm
die Hand gedrückt,
zweimal in umarmt

Drum lasst mich

die Welt anhalten,
den Wind küssen,
die Sonne umarmen!

Leises Ahnen

Bist du es, Herbst?

- der morgens früh im Dunkel
mit Tau bedeckt die durstigen Wiesen
und Nebel webt im Sterngefunkel,
der das Mondlicht lässt zerfließen?
Der Halm um Halm mit Silberfäden dicht umspannt?
Der Früchte reifen lässt, wo gestern Blüten waren
nd der mit unsichtbarer Hand
dirigiert die flugbereiten Vogelscharen?

Bist du es schon?

Noch ist nicht deine Zeit:

- wo doch die Sonne hoch am Himmel steht,
viel tausend Blüten duftend sich verströmen,
kein Windhauch kühlend uns umweht
und wo wir keinen Laut vernehmen;
selbst Vögel in der Mittagsglut verstummen,
nur die Libelle übers Wasser sich bewegt
und Bienen zu den prallen Knospen summen,
wo Schläfrigkeit sich über alles legt.

Du bist noch fern!

Bist du es, Herbst?

- der viel zu früh der Dämmr'ung weiches Tuch
ausbreitet über das erhitzte Land
und duldet keinen Widerspruch?
Ins Dunkel einen hellen Abend bannt
und einen leisen Hauch von Kühle
mehr spüren als nur ahnen lässt;
vertreibt des Sommertages Schwüle
mit feuchtem Nebel im Geäst?

Bist du es schon?

Noch ist nicht deine Zeit:

- ist doch der Sternenhimmel nah wie nie,
hört das Konzert der Grillen spät erst auf –
erst nachts verstummt die kleine Melodie.
Sternschnuppen nehmen sprühend ihren Lauf.
Man kann noch gut auf warmen Steinen sitzen,
auf schauen zu des Himmels goldner Pracht
- wo abertausende von Sternen blitzen –
und träumen in die laue Sommernacht!

Du bist noch fern!

Novembernebel

Spinnfäden –

fest verwoben ineinander
dämpfen Stimme und Schritt,
legen sich um Baum und Strauch,
schweben tänzelnd durchs Geäst,
lassen letzte Blätter
Nebeltropfen weinen

Feuchtigkeit breitet sich aus
auf Mantel und Haar,
lässt meine Hände frieren –
doch ich spüre es nicht.

Denn noch immer
wärmt mich tief im Innern
jene Flamme,
die DU vor langer Zeit
dort angezündet hast

Zeit für Rosen

Nach langer Zeit
schenkst du mir wieder Rosen
zum Hochzeitstag

Sie sind blutrot
und haben pralle Knospen

Da stehst du vor mir
mit den Blumen in er Hand
und diesem Lächeln,
das ich so liebe an dir
und das ich selten sah
in letzter Zeit

Was ich spürte
erträumte
wünschte
hoffte
erbetete

scheint wahr zu werden:
unsere ungute Zeit miteinander
ist Vergangenheit

Rosen von dir –

Sie trocken meine Tränen
mit ihrem glutvollen Rot

Sie heilen meine Wunden
mit ihren samtenen Blütenblättern

Sie liebkosen meine Seele
mit ihrem betörenden Duft

Unsere Liebe
kehrte zurück
mit diesem Rosenstrauß

Fragen, nichts als Fragen

Warum muss ich heut an dich denken – warum?

Du kamst heut Nacht im Traum zu mir,
mein Herz ist ganz erfüllt von dir.
Mein Denken dreht sich nur um dich,
ein Strom der Liebe zieht durch mich.

Warum bist du mir heut so nah – warum?

Ich würde jetzt gern bei dir sein,
irgendwo wir zwei allein.
Ich möchte dich nah bei mir spüren,
möchte mich bei dir verlieren.

Warum hab ich dich nur so lieb – warum?

Es genügte ein kurzer Augenblick,
kein Weg führte mehr von dir zurück.
Dass unsere Seelen sind verwand,
haben wir beide gleich erkannt.

Warum weint heut mein Herz nach dir – warum?

Dein Lächeln, deine Zärtlichkeit,
haben meine Seele befreit.
Halt mich fest, lass mich nicht fallen,
das ist mein größter Wunsch von allen.

Warum darfst du nicht mir gehören – warum?

Dass du mich liebst, weiß ich genau,
doch du liebst auch deine Frau.
Und da ist auch noch mein Mann,
den ich nicht verlassen kann.

D a r u m

lass uns nur gute Freunde sein,
wir schließen unsere Liebe ein,
tragen sie nur in unseren Herzen:
bittersüß, heimlich und voll Schmerzen!

Das Hundertste

Neunundneunzig Gedichte hab ich geschrieben,
traurige, lustige, kurze und lange.
Manche sind irgendwo liegengeblieben,
andre geschrieben im Zwange.

Ich schrieb von Liebe und Leiden,
ich schrieb von Gott und der Welt,
und es lässt sich nicht vermeiden,
dass allen nicht alles gefällt!

Oftmals war ich gezwungen,
etwas zu bringen in Reim.
Es ist nicht immer gelungen –
hab mich geschämt insgeheim!

Mal sprudel ich förmlich über
von Worten, Gedanken, Ideen.
Und mancher Tag, selbst ein trüber,
wurde durch Schreiben erst schön.

Hier kann ich mich befreien
von Ärger, Stress und Verdruss
und spüre – man mag mir verzeihen! –
heimlich der Muse Kuss.

Vor allem über die Liebe
schreib/schrieb ich immer gern.
Reimt sich darauf auch „Hiebe",
liegt mir ein Zusammenhang fern!

Doch Liebe und Leid liegt zusammen,
das ist oft kein großer Schritt.
Und dies gibt mir den Rahmen
für Verse, die ich dann schmied.

Zum Beispiel bei „Jahreszeiten",
wo Liebe, Trauer und Leid
sich über allem verbreiten
wie ein grau-buntes Kleid.

Doch gibt's auch lustige Sachen,
die – schreibend von mir geweckt
stets besondere Freude machen,
wenn leiser Humor drin versteckt.

So schreibe ich meistens für mich,
weil das Talent mir gegeben.
Doch schreibe ich auch für DICH!
Dein Verständnis ist mein Bestreben.

Ich schreib über Mutter und Vater,
über Menschen an ihrem Platz.
Ich schrieb über Felix, den Kater,
doch schreib ich niemals für die Katz!

Meine Gefühle lege ich offen
und sage, wie's mir ums Herz.
Ich schreib über Bangen und Hoffen,
über Verliebte und deren Schmerz.

Ich suche schreibend den Traummann,
den es wohl nirgendwo gibt,
und merke am Ende des Traums dann,
dass mein eigener Mann mich ja liebt!

So will ich gern weiterschreiben
noch manchen Tag, manches Jahr
und mir die Zeit vertreiben
mit Geschichten – erfunden und wahr.

Und so möchte ich auch sterben:
den Füllhalter fest in der Hand,
und mir den Titel erwerben:
„Schreiber Gottes im himmlischen Land"!

Abfahrt 17.32

Die Zeiger der Bahnhofsuhr
rennen rennen
Nur noch eine Viertelstunde,
fünfzehn kostbare Minuten,
neunhundert kurze Sekunden
mit dir allein

Dann trennen sich unsre Wege –
wieder einmal, wie schon so oft

Auf Gleis 4 wirst du abfahren,
mein Zug wartet auf Gleis 13

Du bringst mich hin

Noch zehn Minuten

Warum bin ich plötzlich stumm?
Kann nichts mehr sagen,
wo ich doch soviel noch wüsste?

Auch du schweigst.

Über uns ein Werbeplakat
verkündet grell-gelb:
Komm, lass uns fliehen

Ja, das wär's: wir fliehen irgendwohin,
oi wir endlich uns gehören,
wo wir nicht immer und immer wieder
von einander Abschied nehmen müssen

Noch fünf Minuten

Komm, lass uns fliehen . . .

Aber wir gehen gehen gehen
gehen zu Gleis 13
kommen dort an

Deine Arme umfassen mich.
Ich lege mein Gesicht an deine Schulter,
nie wieder will ich dich loslassen,
möchte nur noch weinen, weinen,
alle ungeweinten Tränen dieser Welt vergießen

Noch eine Umarmung, noch eine

Ein letztes Streicheln.
Blicke von grauen in braune Augen

Ich hab dich lieb
Vergiss mich nicht
Auf wiedersehn
Bis zum nächsten Mal

Das letzte Festhalten und Loslassen –
endgültig

Wir drehen uns um,
gehen von einander weg.

Warum schaue ich dir nicht nach und winke?
Weiß nicht.
Als ich es endlich tue,
wendest du dich gerade ab

Verpasste Gelegenheit,
nochmals dein geliebtes Gesicht zu sehen

Mit Tränen in den Augen
steige ich in den wartenden Zug
Er fährt ab
Eine Minute später
wirst auch du fahren

Komm gut nach Hause

Im Rattern der Räder
meine ich deine Stimme zu hören :

bis zum nächsten mal
bis zum nächsten mal
behalt mich lieb
behalt mich lieb
nächsten mal lieb lieb lieb
behalt mich mal lieb
behalt mich
nächsten mal
lieb behalt mal
mich lieb
mich lieb lieb lieb mich lieb mich lieb mich lieb mich

Powerfrau

Die Reserven in mir
waren erschöpft
ausgebeutet
leer

Da traf ich dich wieder
- und deine Nähe lud mich auf

Meine Augen sprühen Blitze!

Meine Energie ist so groß,
dass ich

Berge versetzen
Wälder bepflanzen
Flüsse umleiten
das Weltall zurechtrücken
Flugzeuge vom Himmel holen
Schiffe versenken

könnte.

Sag mir, wo ich beginnen soll.

Meine Kraft reicht für zwei

Und dennoch . . .

. . . dennoch muss ich sparsam damit umgehen –
ich kann mich nämlich erst in einem Jahr wieder
bei dir neu aufladen

Hingabe

Da sitzt du mir nun gegenüber
mit deinem grauen Haar
und deinen hellen Augen,
die von Minute zu Minute
jünger wirken

Und da ist er wieder,
dieser Blick,
vor dem ich hilflos werde,
der in mich eindringt
und dahin wandert,
wo sich in diesem
einmaligen Moment
mein Frausein konzentriert

Ein unsichtbarer Strom
verbindet uns beide

Komm, sagen deine Augen,
lass uns gehen

Und wir gehen in den Abend,
in dessen Dunkel
ich deinem Blick
nicht mehr ausgeliefert bin

Nun ergebe ich mich
deinen Händen

Traumhaus

Altes Haus mit grauen Mauern,
hingeduckt am Straßenrand.:
hinter seinen Fenstern lauern
Gedanken, die uns überdauern,
von Menschen, die ich nicht gekannt,
mit Namen, die mir nie genannt.

Ruhig liegts im Morgenlicht,
träumt beschaulich vor sich hin.
Nein, zerbrechlich ist es nicht,
tut als Haus noch seine Pflicht,
und fast sah ich – wie mir schien –
leichten Rauch überm Kamin.

Langsam tret ich hin zur Türe,
spähe durch die blinden Scheiben.
Während ich das Holz berühre,
leichten Schauer ich verspüre,
doch ich will noch etwas bleiben,
will die Gegenwart vertreiben –

eintauchen in Vergangenheit,
fühlen, wie es hier einst war.
Erinnerungen sind befreit,
waren noch nie so nah wie heut.
Vergangen ist so manches Jahr,
und ich seh vor mir ganz klar,

all die Menschen , die hier wohnten:
Kinder, die das Haus belebten,
jede Müh' mit Lachen lohnten,
Frauen, die ihr Recht betonten,
Männer, die nach Gutem strebten
und nach Gottes Willen lebten.

Es gab gute, reiche Zeiten
ohne Sorgen, ohne Not.
Es gab Krieg und Dunkelheiten
und es gab die Zeit der Leiden,
als regierte hart der Tod
und die Kinder schrieen nach Brot.

Doch auch Feiern, große Feste,
hat dies Haus bestimmt gesehn.
Aus der Küche nur das Beste
für des Hausherrn frohe Gäste –
diese Zeiten waren schön,
mussten aber auch vergehn.

Im Geist geh ich durch jeden Raum,
suche Leben in den Kammern.
Seh zerrinnen manchen Traum,
von dannen ziehn wie weicher Flaum,
hör die alten Dielen jammern,
will mich an das „Gestern" klammern ...

... doch ich weiß, ich muss nun gehn.
Hab schon viel zu lang verweilt.
Altes Haus, es war so schön
dich von Nahem anzusehn!
Doch weil die Zeit nun weiter eilt
und dabei auch Wünsche heilt,

geh ich weiter, Schritt um Schritt.
Dieses Haus, so grau und schlicht,
nehme ich in meine Nächte mit.
Wenn es im Traum vorüberzieht,
hoffe ich voll Zuversicht:
Alte Häuser sterben nicht!

Ein Fremder

Das sind nicht deine Augen,
die sich schnell abwenden,
wenn mein Blick
ihnen begegnet

Das sind nicht deine Hände,
die zurückschrecken,
wenn ich dir nahe komme

Das ist nicht deine Stimme,
die kühl über mich hinweg spricht,
wenn ich mit dir rede

Wo bist DU?
DU – wie ich dich kenne?

Warum versteckst du dich
hinter Abwehr
Kälte
Gleichgültigkeit?

Fürchtest du dich?

Vor mir?

Oder vor dir selbst?

Winternacht

Vollmond über kahlen Bäumen
zaubert gespenstisches Licht,
weckt die Sehnsucht, lässt mich träumen,
birgt Hoffnung und Zuversicht.

Friedlich ist die Winternacht,
greifbar dieses Schweigen.
Der Frost regiert mit strenger Macht,
lässt kalten Nebel steigen.

Ich schaue auf zum Himmelszelt,
wie ist der Mond so schön!
Er blickt schon so lange auf diese Welt,
wieviel hat er gesehn!

Er erhellt seit Ewigkeiten die Nacht,
regiert über Ebbe und Flut,
hat sich zum Freund der Verliebten gemacht,
nimmt sie unter seine Hut.

Das Mondlicht ist heut nacht so kalt,
wie gefroren aus glänzendem Eis.
Es hat lange Schatten auf die Wege gemalt –
Scherenschnitte im schneeigen Weiß.

Wie mir diese Nacht gefällt!
Ich kann sie nur bestaunen.
Ein glitzerndes Tuch liegt über der Welt,
es scheint aus weißen Daunen.

Darunter schlafen tief und fest,
worauf wir alle warten:
die Blumen, die Gräser und grünes Geäst,
und träumen vom Sommergarten.

Es dauert eine Weile nur,
dann werden sie geweckt.
Lass sie noch ruhn, die müde Natur,
die unterm Schnee versteckt.

Ich träume meinen Wintertraum
vom Mond, vom Frost, vom Eis,
und freue mich auf manch blühenden Baum,
übersät von Blüten – ganz weiß.

Hoffnung trag ich im Herzen
auf eine wärmere Zeit.
Sehn mich nach dem Frühling mit Schmerzen –
und weiß: bald ist es soweit!

Lebenswege

Jeder Pfad
jeder Weg
jede Straße

hat ein Ziel,
das hinter Kurven liegt

und jede Strecke
ist mit Hindernissen
gepflastert

Ich sehe nur
ein kleines Stück meines Weges
vor mir
und weiß nicht,
wie lange ich noch
unterwegs sein werde.

Deshalb rufe ich:

HERR, zeig mir meinen Weg zu DIR,
ich will ihn gehn in Treue

Befreiungsversuch

Lass los, Mutter.

Deine Hände,
die mich einst so liebevoll umsorgten,
sind wie Krallen in meiner Haut und tun mir weh.

Deine Stimme,
vor kurzen noch so sanft und tröstend in ihrem Klang,
beginnt aufzurechnen und zu fordern.

Deine Ohren,
die mir früher so verständnisvoll zuhörten,
scheinen meine Worte nicht mehr zu verstehen.

Deine Augen –
sehen sie nicht, dass ich erwachsen bin?

Ich bitte dich:
löse sanft das Band zwischen uns,
ehe ich es zerreiße.

Und lass mich los Mutter,
lass mich endlich los

Verpasste Gelegenheit oder: Der Sieg der Vernunft

Was hat dich nur so mutig gemacht?
Du gehst mit mir allein durch die Nacht,
du ziehst mich an dich, hältst mich im Arm –
in deiner Nähe ist's gut und warm!

Dein Blick ruht auf mir, wie zärtlich er ist!
Ich erware den Augenblick, wo du mich küsst.
Ich öffne die Lippen, du suchst meinen Mund,
zum stehen bleiben ein guter Grund!

Ich fühle mich wohl so ganz nah bei dir.
Dass du auch so empfindest – zeige es mir!
Doch du möchtest gern etwas weiter noch gehn –
wir stehen im Licht – man könnte uns sehn!

So gehen wir weiter und finden nach Haus.
Gibt's hier im Hotel für uns nun das Aus?
Du flüsterst mir leise ins Ohr ein paar Fragen:
Liebster, o nein, wir können's nicht wagen!

Es wäre zwar schön, nichts wünsch ich mir mehr.
Doch wie ist es morgen? Alles schal, alles leer?
Drum lass uns für heute vernünftig nun sein:
wir schlafen auch diesmal jeder allein!

Getrocknete Tränen

Als kleines Kind
weinte ich oft
vor Hunger und Angst,

als junges Mädchen
aus Liebeskummer
und Verlassenheit,

als erwachsene Frau
aus Enttäuschung
und Resignation.

Eines Tages
trocknete GOTT selbst meine Tränen

und legte Klarheit
in meinen Blick

Manchmal weine ich
auch heute noch:

aus übervollem Herzen
Tränen der Freude,
des Glücks
und der Dankbarkeit,

weil ich mein Leben
in SEINEN guten Händen weiß

Himmelsbrücke

Ein Regenbogen überspannt das Tal
und erfreut meine Augen.

Ich möchte auf ihm
emporsteigen:

ein paar Schritte im Blau,
einen Hüpfer im Gelb,
einen langen Satz ins Violett

Höher und höher und höher –
mir schwindelt nicht,
wo ist meine Höhenangst?

Nun noch einen Sprung ins Grün
- ich habe den höchsten Punkt erreicht

Eine zarte Wolke
verdeckt mir den Ausblick ins Himmelsinnere –
ich schiebe sie etwas zur Seite,
um ein wenig hineinlugen zu können:
glitzert es dort nicht golden uns silbrig?
Höre ich leise Musik und Gesang?

Ich will etwas mehr sehen,
strecke mich empor –
doch die kleine Wolke
verhüllt meinen Blick

Auf der violetten Bahn
rutsche ich auf der anderen Seite
schnell zurück
in meinen Alltag.

Dieser ist wieder erwarten aber nicht grau,
sondern strahlt siebenfarbig.

Und etwas wie Vorfreude
legt sich auf meine Seele . .

Mutter Löwenzahn

Pusteblume –
nicht mehr lange,
und du musst deine vielen Kinder loslassen

Sie fliegen dir davon
- in alle Winde verstreut –
und du weißt nicht mal, wohin

Ob sie Fuß fassen
wurzeln können
selber fruchtbar werden -

Ob man sie zertritt
ob sie ins Meer fallen
und dort sterben –

du wirst es nie erfahren

Und dennoch lässt du los

Du schickst dich drein,
weil es so sein muss

Ich werde mir ein Beispiel an dir nehmen
und meine Zwei
schweren Herzens
nicht mehr festhalten
und sie ziehen lassen,
wohin sie geführt werden
von unserem gemeinsamen Schöpfer
der um alles weiß:
um unsere Kinder
und um unsern Schmerz.

Pusteblume,
gute Reise deinen Schirmchen!

Traumberuf

Ich möchte eine Hirtin sein und ziehn mit meiner Herde
im Morgen- und im Abendschein ganz nah bei Mutter
Erde.

Im Frühling lässt das erste Grün die Sehnsucht neu
entfachen.
Mit meinen Schafen will ich ziehn, sie hegen und
bewachen.

Wir wandern über Berg und Tal in Ruhe, ohne Hasten.
Der Schnee schmilzt langsam überall, wo's schön ist,
wolln wir rasten.

So ziehen wir dem Sommer zu, er kommt uns schon
entgegen.
Die Knospen springen auf im Nu, es blüht an allen Wegen.

Die Schafe lieben frisches Gras, ich freu mich an der
Sonne.
Das Leben macht mir großen Spaß, leb frei und voller
Wonne.

Ich schlafe unterm Sternenzelt, umringt von meinen
Tieren.
Wir sind alleine auf der Welt – ich kann nur Frieden
spüren.

Der Morgen sieht mich ausgeruht inmitten meiner Herde.
Die Tiere sind voll Übermut, und ich bin ihr Gefährte.

Ein Ruf – und alle kommen an, wir ziehen wieder weiter,
und manchmal flötet für uns Pan als heimlicher Begleiter.

So möcht ich immer weiter gehn als Hirtin durch mein Leben.
Ich kann mit meinen Augen sehn, was GOTT uns hat gegeben.

ER selber ist der gute Hirt, und wir sind seine Herde.
ER ist stets bei uns –unbeirrt – als Hüter dieser Erde.

Der lange Weg zur wahren Schönheit

Da pflegte ich so manches Jahr mit großer Sorgfalt stets
mein Haar.
Ich kaufte Pulver, Kuren Farben, fast alles, womit Firmen
warben,
mischte es in einem Topf, verteilte es auf meinem Kopf.

Mal war ich rot, mal war ich braun, mal etwas scheckig
anzuschaun,
mal trug ich eine Lockenmähne, mal überm Scheitel eine
Strähne.
Frisiert stets nach dem letzten Schrei. Ob's zu mir passte?
Einerlei!

Ich war beständig auf der Hut, dass sich im Haar nichts
Graues tut.
Denn graue Haare –welch ein Graus! Da sieht man ja viel
älter aus!
Und jedes Mal dann im Salon die bange Frage: sieht
man's schon?

Doch Fräulein Sonja kam sodann mit einem großen Pinsel
an,
strich zu, was wie nach grau aussah, die Rettung aus dem
Topf war da!

Ich war grad Fünfzig. Eines Tags da sagte ich zu mir: ich
wag's!
Es gibt so viele tolle Fraun, die auch in Grau noch gut
ausschaun.
Vielleicht wird's bei mir ähnlich sein? Das redete ich mir
dann ein.
Wird's nichts, dann ist es auch egal, neu färben kann man
allemal.

Ich besuchte Sonja im Salon:„Nur schneiden! Das wär's
heute schon!
Ab heute nie mehr mit Chemie!" Erst stutzte – doch
sodann schnitt sie
mir meine Haare einfach toll, ganz kurz, es steht mir
wundervoll.

Alle paar Wochen, ei der daus, schnitt Sonja mir die Farbe
raus.
Und eines schönen Tags im Mai war dieser Farb-Alptraum
vorbei:
graumeliert, mit flottem Schnitt, halt ich mit mancher
Jungen mit!
Von allen Seiten sagt man mir: „Gut stehn die grauen
Haare dir!"

Ich hab mich nie so wohlgefühlt, hab mit den Farben dann
gespielt.
Denn ist der Kopf erst einmal grau, passt jede Farbe ganz
genau!

Und die Moral von der Geschicht: auch graues Haar macht
älter nicht!
Bist du im Herzen jung geblieben, kann Grau nicht deine
Tage trüben!

Ganz einfach

Und GOTT schuf die Rose,
damit die Menschen
stumm werden vor ihrer Schönheit
und nur noch durch sie sagen können:
i c h   l i e b e   d i c h

Gleichnis

Ich bin ein Halm,
dessen Same der große Sämann GOTT
ausgesät hat

Allein bin ich nichts wert,
aber zusammen mit den anderen
wird aus uns
ein großes Getreidefeld,
an dessen Ernte
viele Menschen satt werden können

Ich bin dankbar,
ein Getreidehalm zu sein,
dessen Wurzeln
in gutem Boden stehen

Begegnung

Ganz spontan
habe ich neulich
einen Baum umarmt

Meine Arme waren gerade lang genug,
um ihn ganz zu umfangen

Das Gesicht
an seiner rauhen warmen Rinde
atmete ich seinen Wohlgeruch
nach Harz und Frische,
nach Leben und Vergänglichkeit,

schloss die Augen,
fühlte mich fest und sicher
mit ihm verwurzelt
und meinte,
in meinem Herzschlag seinen Puls zu spüren

Nur zögernd ließ er mich los,
nur zögernd ging ich meines Weges

Doch ich versprach mir,
auf dem Rückweg
seine wohltuende Nähe
nochmals zu suchen

Farbenspiel

GOTT, lass mich einmal nur
in deinen Farbenkasten schauen!

Wo nimmst du es nur her,

- das sanfte Grün, mit dem sich der Frühling schmückt?
- Das tiefe Rot der Rosen, die von Liebe reden?
- Das strahlende Blau des Himmels nach einem Gewitter?
- Das leuchtende Gelb des Ahornbaumes im Herbst?
- Das satte Braun der aufgebrochenen Erde im Spätjahr?
- Das dunkle Violett, das den Regenbogen so leuchtend
  macht?
- Das matte Silber auf dem Haar eines alten Menschen?

VATER, hab Dank für meine Augen,
die sich nicht satt sehen können
an all deinen Wundern!

Vom Suchen und Finden

Ich suchte mich

in den Augen meines Vaters,
im Herzen meiner Mutter,
in den Armen meines Bruders –
da war ich nicht.

Ich suchte mich
in dunklen Nächten an der Seite meines Mannes,
an kalten Tagen an der Hand meiner Kinder,
in stürmischen Zeiten am Tisch meiner Freundin –
auch da war ich nicht.

Ich fand mich

eines Tages auf dem Stuhl eine Psychologen,
eines Nachts in einem fremden Bett,
eines Morgens am Rande des Abgrunds –
da gehörte ich nicht hin.

Doch plötzlich
wurden meine Sinne klar
und ich sah vor mir zwei Wege:
den einen hin zu mir, den anderen weg von mir.

Den ersten bin ich gegangen,
und nun bin ich angekommen.

In der Tiefe meiner selbst
hat GOTT auf mich gewartet:

Er nährt mich mit seiner Liebe,
führt mich an seiner Hand,
trägt mich auf seinen Armen
und sagt:
Suche nicht weiter

Ich bin dir
Vater, Mutter, Bruder, Freund,

denn ich liebe dich so, wie du bist

Frühlingsanfang

F r ü h l in g

in meinem Garten,
auf der Wiese hinterm Haus,
im Wald am Dorfrand
- und in meinem Herzen!

Kann kaum erwarten,
all das Grün, das junge,
all die Blumen, die bunten,
zu sehen;
all die Liebe in mir zu spüren

Ich pflücke die Blumen,
binde sie mit dem Grün gefällig zusammen
und schenke sie   m i r .
Mein übervolles Herz
schenke ich   d i r .

Daran erfreuen wollen wir uns
solange wie möglich,
denn noch ist die Zeit des Frostes,
der sich auf alles legt und es tötet,
nicht vorbei

Kleine Schritte zum Abgrund

Zuerst

war da nur ein Glas Rotwein
in deiner Hand
und der Blick deiner Augen,
der mich beglückte und gefangen nahm

Dann

fanden sich unsere Hände
und wir erfuhren,
dass uns dies gefiel

Später

küssten wir uns zum ersten Mal
und waren glücklich

Gestern

trafen wir uns wieder
und sehen vor uns den Abgrund

Werden wir in überspringen,
ihn ihm untergehen
oder vor ihm anhalten?

Keine Antwort

Wo gingst du hin? Wo bist du nun?
Was ist der Sinn? Was muss ich tun?

Die Tränen fließen lassen? Das Weinen unterdrücken?
Wie kann ich mich nur fassen? Wird es mir jemals
glücken?

Werd ich dich wiedersehen? Bist du für immer fort?
Ist Gutes dir geschehen? Ist's hell an jenem Ort?

Fragen, nichts als Fragen! Haben sie einen Sinn?
Wer kann die Antwort sagen? Wo wende ich mich hin?

Die Zeit wird weitereilen, wenn's heut auch niemand
glaubt.
Erinnerung hilft heilen, auch Lächeln ist erlaubt.

Ich weiß dich aufgehoben, du bist nicht sehr weit fort.
Den HERRN wirst du jetzt loben – ich fühle, du bist dort!

Meines Vaters Hände

Es waren

- große Hände,
  die mich hochhoben zu seinem Gesicht

- starke Hände,
  die mein ersten Schritte lenkten

- harte Hände,
  die mir bei Unfolgsamkeit drohten

- rauhe Hände,
  die für mein Leben sorgten

- zitternde Hände,
  die mir nach einem Besuch nachwinkten

Es waren

- kalte Hände,
  die gefaltet auf deiner Brust lagen,
  als ich dich zum letzten Mal sah, Papa

Nur ein Monat

Heute vor einem Monat . . .

. . . war Samstag,
schien die Sonne,
glitzert der Schnee,
wärmte Kerzenlicht die Stuben,
erfüllte weihnachtliche Liebe die Herzen –
- das war nachmittags.

Heute vor einem Monat . . .

. . . klingelte das Telefon,
setzte mein Herzschlag aus,
zitterten meine Hände,
strömten Tränen über mein Gesicht -
- das war abends.

Heute vor einem Monat . . .

. . . starb mein Vater.

Sparsam

Ich will soviel von dir
und bekomme so wenig.

Aber dieses Wenige
ist soviel,
dass ich lange Zeit
davon zu leben vermag.

Ja, ich will es

. . . doch es soll nicht im Dunkeln geschehen
und nicht unter Zeitdruck
und nicht im Versteck

Es soll ohne schlechtes Gewissen geschehen
und in entspannter Stimmung

Mit Kerzen und Musik
und in seidenen Laken . . .

wann wird es wohl sein?

Ich glaube nie.

Liebende

Wenn zärtlich unsre Hände sich berühren,
setzt stolpernd fast mein Herzschlag aus.
Darf ich dazu noch deine Lippen spüren,
dann weiß ich: du bist mein Zuhaus!

Du bist der Man aus meinen Träumen,
ich hab gewartet Jahr um Jahr.
Komm, lass uns keine Zeit versäumen,
wir machen unsre Träume wahr!

Kannst du die Zeit nicht rückwärts drehen,
dann halt doch alle Uhren an!
So Schönes ist mit uns geschehen,
das man in Worte gar nicht fassen kann.

Zwei Seelen haben sich gefunden,
zwei Herzen schlagen *einen* Takt.
Uns bleiben ja nur ein paar Stunden,
doch du hast „ja" zu mir gesagt.

Wie fühl ich mich bei dir geborgen,
ich wünschte nur, es wär für lange Zeit.
Doch unaufhaltsam näher kommt das Morgen,
die Trennung auch. Es ist soweit.

Umfangen werde ich von deinen Armen,
die Tränen trüben meinen Blick.
Gibt es für uns denn kein Erbarmen?
Warum nur müssen wir zurück,

dahin, wo rauhe Töne gelten,
wo Liebe klein geschrieben wird.
Ein gutes Wort fällt hier nur selten.
Wie haben wir uns nur dorthin verirrt?

Doch Hoffnung ruht in meinem Herzen:
ich treff dich wieder, irgendwann.
Auf diesen Tag wart ich mit Schmerzen.
Und alles fängt von vorne an . . .

Das Märchen von dem Einen und der anderen

Es waren einmal
zwei Paare,
die vor Jahren unbedingt heiraten mussten,
weil sie ohne einander nicht leben konnten.
Meinten sie.

Nach langer Zeit,
in der die Liebe immer kleiner
und das Unbehagen immer größer wurde,
traf der eine Mann
die andere Frau
- und sie verliebten sich

Da war das Leben
plötzlich
voll Zärtlichkeit,
Zuneigung,
Achtung
und schlechtem Gewissen
- für die einen –

und voll
Langeweile,
Gleichgültigkeit,
Lieblosigkeit
und ohne Phantasie
- für die anderen.

Die einen
leben nur für die kurzen
gestohlenen Stunden
ihrer seltenen Treffen,

während die anderen
stumpfsinnig durch den Tag trotten

Und wenn sie nicht alle vorher sterben,
wird das hoffentlich
noch lange so weitergehen

Aber die einen sterben vielleicht
ein bisschen glücklicher

Und die anderen haben's
nicht anders verdient – oder?

Mal wieder Abschied

Schon wieder Abschied von dir:

drei lange, gemeinsame
schöne, harmonische Tage
liegen hinter uns

Ich sag dir adieu,
oft vollzogenes Ritual
in den vergangenen drei Jahren,
adieu bis zum nächsten Mal.

Das ist wahrscheinlich in einem Jahr,
unser nächstes Mal

Ich könnte schreien!

365 Tage darauf warten, dich wiederzusehen

Wie viele unerfüllte Träume verbergen sich darin?
Wie viele noch zu weinende Tränen fassen sie?

365 x 24 = 8.760

Achttausendsiebenhundertsechzig Stunden –
warum nicht gleich die Ewigkeit?

Du wirst mir fehlen – mit jedem Tag mehr

Aber so ist es nun mal mit gestohlenen Stunden:
sie sind entweder zu kurz oder zu lang!

Moment des Wiedersehens

Hände
strecken sich mir entgegen,
umfassen und begrüßen mich

Augen
Blicken mich an,
lassen Wärme und Freundschaft erkennen,
sagen willkommen

Arme
umschließen mich,
zeigen mir,
dass es viele gibt,
die mich mögen

Doch ich schaue nur aus nach einem

Da endlich kommt er auf mich zu

Das sind die Hände,
nach denen ich suchte

Das sind die Augen,
in denen ich mich verliere

Das sind die Arme,
in denen ich mich wohlfühle

Das ist das Herz,
das von meinem erkannt wird
und das nun
voll Freude im gleichen Takt schlägt

Und es ist wie immer:
wir sind bei uns angekommen

Eine offene Frage

Was ist Liebe? Sag es mir!
So fragte ich als Kind.
Mutter nahm mich in den Arm,
da war mir so wohl und warm!
Und ich sah es ein: so soll Liebe sein!

Ist das Liebe? fragte ich
ein paar Jahre später.
Christoph küsste meinen Mund,
meine Träume wurden bunt,
und ich redete mir ein: das könnte Liebe sein!

Das ist Liebe! wusste ich
dann – ich war grad zwanzig.
Michael war lieb und nett,
landete in meinem Bett.
Dazu fiel mir ein: kann das Liebe sein?

Endlich Liebe! seufzte ich,
darauf hab ich gewartet!
Helmut nahm es ganz genau,
und ich wurde seine Frau.
Nie mehr ganz allein! Das muss Liebe sein!

Wo blieb die Liebe? Sag es mir!
fragten wir nach Jahren.
Sie ging verloren, irgendwann.
Fangen wir von vorne an?
Ich gestand mir ein: auch so kann Liebe sein.

Was Liebe ist, das weiß ich nun,
ich bin jetzt einundfünfzig.
Endlich hab ich DICH getroffen
und ich werde wieder hoffen:
einmal – fällt mir ein - m u ß es doch Liebe sein!

An manchen Tagen

An manchen Tagen fühl ich mich
so leicht, als hätt ich Flügel.
Und statt zu gehen, schwebe ich,
mich halten keine Zügel.

Dann bin ich ungebunden, frei,
weiß mich in mir geborgen.
Wie trübe es um mich auch sei,
ich mach mir keine Sorgen.

Es ist, als halte GOTT um mich
beschützend seine Hände.
Ich spüre ihn, so väterlich,
vertrau ihm ohne Ende.

In meinem Innern ist es hell,
ich habe keine Schmerzen,
und wie aus einem tiefen Quell
strömt Friede zu meinem Herzen.

Und übervoll ergießt es sich,
teilt aus von dieser Gabe.
Ich behalte nichts für mich,
geb weiter, was ich habe

an Freude, Liebe und Vertrauen,
mit Armen, ganz weit offen.
Ich lade ein zum Vorwärtsschauen,
zum Glauben und zum Hoffen.

An manchen Tagen fühl ich mich
so schwer, als trüg ich Ketten.
Etwas begräbt mich unter sich,
es kann mich keiner retten.

Ich bin gefesselt, starr und stumm,
seh mich allein, verloren.
Dunkles treibt in mir sich um,
die Seele ist erfroren.

Warum nur geht es mir so schlecht?
GOTT ist so weit, weit weg.
Ich finde mich nicht mehr zurecht.
Was ist des Lebens Zweck?

Es ist doch alles einerlei,
auf mich kommt es nicht an:
Wir sind doch niemals wirklich frei
auf unsrer Lebensbahn.

Warum gibt's Kriege, Hunger, Not,
Katastrophen, Elend, Leid?
Wo überhaupt versteck sich GOTT
in dieser schlimmen Zeit?

So denke ich, dreh mich im Kreis,
seh weder Weg noch Ziel.
Keiner, der die Antwort weiß –
der Fragen sind so viel.

Da plötzlich kommst DU mir entgegen,
mit Armen, ganz weit offen,
sprichst mit mir von neuen Wegen,
vom Glauben und vom Hoffen

An manchen Tagen fühl ich mich
so leicht, als hätt ich Flügel . . .

Da kam einer aus Assisi

Womit hast du mich gefangen?

Ich bin in deinem Bann,
weiß nicht, warum,.

Dein jämmerlicher, ausgezehrter Körper
kann es nicht sein, der mich fesselt,
auch nicht deine mageren Arme.

Sind es deine Augen,
die in Liebe glühen?

Sind es deine Hände,
die - blutverkrustet –
sich nach mir ausstrecken und mich festhalten?

Ist es deine Stimme,
die sanft und melodisch
zu allem spricht, auch zu Blumen und Steinen?

Ist es dein wacher Geist,
dein romanisches Temperament?

Bruder Franziskus,
ich weiß nicht,
was mich dir folgen lässt:

ich gehe einfach deinen nackten Füßen,
von denen Blutstropfen fallen,
nach
auf dem Weg durch diese Welt,
über Dornen und Steine,
angeführt von deiner Stimme,
die Gott lobt in seinen Geschöpfen

darauf vertrauend:
du führst mich, deine Schwester,
ans gemeinsame Ziel . . .

Novemberrose

Letzte rote Rose
im ersten Schnee –

bist du schon gestorben
unter der leichten weißen Hülle

oder atmest du noch
einen Hauch Leben?

Wirst du erwachen
nächstes Jahr zur Rosenzeit?

Oder ist dein feuriges Rot
nur Erinnerung für meine
Winterträume?

Danke -

für die Freude deines Anblicks,
für deinen zarten Duft,
für deine vollendete Schönheit

Ich sage dir adieu,
du letzte rote Rose im ersten Schnee

Und dir auch

Finale

Verbranntes Papier und
farbige Plastikhülsen
zieren den Gehweg

Zündholzschachteln
und Konfetti,
daneben ein Stück nasse blaue Luftschlange,
machen sich breit vor einem Hauseingang

Leere Flaschen –
vor kurzem noch Abschussrampen
für Leuchtraketen –
stecken vergessen im
schmutzigen Schnee

Holzsplitter
kleben fest auf
spiegelndem Eis

Und vom Sternenstaub,
den die vergangene Nacht
versprühte,

bleibt dem blassen
kalt-grau-trüben Neujahrsmorgen
nur ein Häufchen Asche

Inferno

Ganz plötzlich
verstummen die Vögel

Feuchte Schwüle
drückende Mittagshitze
- bange Erwartung

Dunkle Wolken
ersticken den Himmel
mit geballter Schwärze

Erste Blitze über dem Wald,
künden vom grollenden Näherkommen
des Gewitters

Schwerer Regen
klopft vereinzelt an das Fenster,
verdichtet sich zu nassem Schleier,
macht die Welt unsichtbar

Schweratmend noch
schnell die rettende Türe erreichen –
Haare und Kleider schon triefnass

Sich verkriechen in eine Ecke
bei jedem Blitz erschreckend,
die Hände auf den Ohren beim Donnerschlag

Geborgen im Zimmer
mit der ruhig flammenden geweihten Kerze auf dem
Tisch,
das leise Ticken der Uhr
beruhigt den Atem

Da - nach Stunden oder Minuten -
das Rauschen legt sich,
der Donner wird leiser

Wetterleuchten im Viereck des Fenster,
von Westen hellt es schon auf

Zaghaft zittern Sonnenstrahlen
durchs Gewölk,
locken den Regenbogen,
seine bunte Brücke zu bauen

Verdampfendes Nass,
belebte Erde,
aufatmende Menschen . . .

Jetzt
singen auch die Vögel wieder

Agapi mou

Mein griechischer Gott –
so lebendig,
nicht aus Marmor

- trägt eingebrannte Sonne auf seiner Haut
- den Klang der Bouzouki in seiner Stimme
- die Weite des Meeres in seinen Augen
- den Duft von Harz in seinem Haar
- den Rhythmus des Sirtaki in seinen Blut
- die Freiheit des Ikarus in seinem Herzen

Vor allem
will ich haben

Warte auf mich in
Chalkidiki

Ich komme zu dir – irgendwann

Spielverderber

Schön
so im Versteck zu zweit,

wenn die Zeit
stillzustehen scheint
und die Lust
mit jedem Kuss wächst

Draußen – wo ist das?

Die anderen – wo sind sie?

Nicht weit:

sie klopfen schon
an die Tür,
bringen die Uhren wieder zum Ticken
und uns beide auf Abstand

Bin nicht mehr jung genug
für solche Spiele –
und spiel sie doch
so gerne

Resignation

Auch die leidenschaftlichen Umarmungen,
die wir uns hin und wieder gönnen,
lassen die Eiskruste,
die langsam aber stetig
mein Herz überzieht,
nicht mehr schmelzen

Ich habe Angst,
in deiner Nähe
zu erfrieren

Sollten wir uns nicht . . .
Müssten wir uns nicht . . .
Wäre es nicht besser, wir würden uns . . .

.. nein, ich kann dieses Wort nicht sagen

Denn wie ein leises Echo
höre ich in mir
noch etwas nachhallen

Worte – vor dreißig Jahren gesprochen:

Bis dass der Tod Euch scheidet
Lieben und Achten
Trage diesen Ring zum Zeichen deiner Treue
In guten und in schlechten Zeiten

Unsere guten Tage – wirklich vorbei?

14. August 2000

Zögernd
löst sich
aus dem Getreidefeld
die gespeicherte Hitze
des Tages

Duft wie nach Brot
über dem Land

Grillenkonzert
im Grasversteck

Über die nahe Bergkette
schiebt sich
dunkelgelb
das freundliche Gesicht
des Vollmonds

Rosarote Wolkenschlieren
am dämmergrauen Abendhimmel
weissagen einen
neuen heißen Sommertag
-    morgen

Hochsommer

Lass uns ziehen durch diesen Sommer,
Hand in Hand durch Wiesen und Wald

mit sonnenverbrannten Beinen
barfuss durch kühlendes Gras

Mohnblumen sollst du mir binden
zum Blütenkranz für mein Haar

Sonnenstrahlen will ich dir fangen,
bewahr sie für neblige Zeit

Blaubeeren wollen wir naschen
und uns küssen mit fruchtigem Mund

Wasser trinken aus schattiger Quelle,
anlehnend an moosigem Stein

und tanzen in blühenden Gärten,
umschmeichelt von Rosenduft

Ausruhen werden wir abends
unterm Schirm eines Ahornbaums

und uns träumen in sternklaren Himmel,
geborgen im Mantel der Nacht

Lass mich kosten des Duft des Sommers
auf deiner sonnwarmen Haut

Wer?

Ich bin ganz ausgebrannt und leer.

Jemand
müsste mich dringend auffüllen
mit
Zuneigung
Wärme
guten Worten
Fröhlichkeit
Lachen
Übermut
Leidenschaft

Wer wird es sein?

Ich weiß es nicht,
doch Deine Chancen
werden von Tag zu Tag geringer

Bon Voyage

Ich am Lenkrad,
du neben mir
- Begleiter und Schutzengel

So könnte ich durch die Welt fahren,
Kilometer um Kilometer
ohne müde zu werden

Durch sonnige Tage
und mondhelle Nächte,

Anhalten, wo wir wollen,
uns küssen und die Sterne zählen

Wind und Regen als Verbündete,
die unsere Spuren verwehen,

doch nicht Flüchtende sind wir,
- wir gehen nur weg
und lassen los, was uns bisher als gut erschien,
nun wissend, dass es Schöneres gibt

Immer weiter fahren
du an meiner Seite

ankommen eines Tagen da,
wo wir hingehören -
und bleiben für immer

Kleine Begleiterin

Mädchen in mir -

klug und neugierig
mutig und lebendig
stolz und frei -

du bist noch da,
gingst nicht verloren
in all den Jahren,
die hinter uns liegen

Tief in mir
ist dein Platz
- wartend auf meinen Ruf

Hab dich oft versteckt,
doch nun komm hervor,
du treue Begleiterin durch mein Leben,

zeig dich mir,
lass dich liebkosen
und dir sagen,
dass wir zusammengehören

Sei auch bei mir
in den Herbsttagen meines Lebens

und lass uns zum Horizont gehen,
langsam, Hand in Hand

dahin, woher wir kamen vor langer Zeit . . .

Frühherbsttag

Vom Ahornbaum,
der gerade sein Kleid ablegt,

schweben leise und sacht
- wie vom Atem GOTTES getragen –

goldene Blätter,

die braune Erde bedeckend,
die dem neuen Erwachen
entgegenträumt

Vertrautes Gegenüber

Frau im Spiegel –
seit Jahrzehnten vertraut

zeigst dich mir
mit Falten
vom Weinen und Lachen,
mit den Spuren von mehr als
fünf Jahrzehnten

Aus meinen Augen
Schaut mich mein Vater an

In meinem Gesicht finde ich
die Züge meiner Mutter
die Mine meiner Tochter

Bin
Nehmende
Tragende
und Gebende

Bin Hüterin
und Bewahrerin

- und bin mir dieser Rolle
täglich stärker bewusst

Emanzipation

Frausein –

lernend und tastend
durch junge Jahre

Suchend und findend
auf der Strasse
des Lebens

Vertrauend
Halt gebend
Einig mit sich selbst

Ankommen
vor den letzten Wegbiegungen
und
mutig den Weg zu Ende gehn –

gewandelte Frau

Gefühle pur

Hab sie oft gespürt
und schamlos benutzt
diese Gefühle,
in all den Jahren meines Lebens

hab geweint und gelacht
geliebt und gehasst
war voll Wut und Enttäuschung
voll Glück und Begeisterung
war himmelhochjauchzend zu Tode betrübt

war stolz auf sie
und hab mich manchmal ihrer geschämt

doch sie sind nicht weggegangen,
sie sind bei mir geblieben
sind immer noch da
und nicht klein zukriegen

auch auf dem letzten Stück
meines Weges
sind sie meine treuen Begleiter

diese Gefühle pur

Inhaltsverzeichnis